주식투자하는 법

주식투자하는 법

초판 1쇄 발행 2022년 3월 25일
2쇄 발행 2022년 12월 19일

지은이 제시 리버모어	**옮긴이** 이은주	**펴낸이** 이종미

펴낸곳 담푸스	**전화** 031-919-8510(편집부) 031-907-8512(주문 및 관리)	**팩스** 070-4275-0875	**주소** 경기도 파주시 회동길 363-8, 304호

홈페이지 http://dhampus.com	**이메일** dhampus@dhampus.com	**등록** 제395-2008-00024호

편집 정은아	**디자인** 유어텍스트	**마케팅** 연병선	**경영지원** 김지선

ISBN 979-11-90024-32-7 (04320)

- 책값은 뒤표지에 있습니다.
- 잘못된 책은 구입하신 서점에서 교환해드립니다.
- 이 책은 투자 참고용이며, 투자 손실에 대해서는 법적 책임을 지지 않습니다.

탑픽은 담푸스의 고전 시리즈 브랜드입니다.
탑픽이란 '주식의 여러 종목 가운데 엄선된 최고의 종목'을 말합니다.
고전 중 가장 양질의 도서만을 선보이고자 합니다.

주식투자하는 법

월스트리트 트레이딩의 전설, 제시 리버모어

제시 리버모어 지음 | 이은주 옮김

How to trade in Stocks

탑픽

추천사

"어떻게 투자하고, 매매할 것인가"에 대한
월가의 전설 제시 리버모어의 해답

'주린이'와 '동학개미'라는 신조어가 처음 등장한 2020년, 국내 증시는 코로나19라는 악재에도 풍부한 유동성을 바탕으로 글로벌 증시 가운데 상승률 1위를 기록하는 기염을 토했다. 《주역》에 보면 '물극필반物極必反'이란 말이 나온다. '사물의 전개가 극에 달하면 반드시 반전한다'는 뜻인데, 한편으로 흥망성쇠는 반복되기에 어떤 일을 할 때 지나치게 욕심을 부려서는 안 된다는 의미도 담겨 있다. 그런 측면에서 본다면 2020년 이후 국내 증시의 조정은 자연스러운 것이다.

세상에 그 어떤 것이든 상승기가 있으면 하강기가 있게 마련이다. 경제는 호황과 불황을 오르내리며 발전해가고 개별 업종과 기업들도 상승과 하락의 사이클을 거치며 이어나간다. 이는 주식시장에서도 마찬가지다. 2020년의 경험만을 토대로 '주식시장은 절대 하락하지 않는다'라는 믿음을 갖고 있는 투자자들이 생겨났지만, 이는 결코 사실이 아니다. 주식시장이 언제나 상승 추세일 수만은 없다. '주식시

추천사

'장은 예측의 영역이 아닌 대응의 영역'이라는 주식시장의 오랜 격언처럼 주식투자에 나선 투자자라면 시장의 상황에 맞게 대응하는 방법을 익혀야 할 것이다. 우리는 이러한 대응에 대한 간접적인 경험을 전문서적을 통해서 얻는다.

  시중의 서점에 나가 보면 다양한 투자서들을 만날 수 있다. 최근에 발간된 책일수록 무언가 새로운 비법이 담겨 있을 것 같지만 실상은 그렇지 못한 경우가 다수이다. 우리는 투자에서도 고전을 보아야 한다. 고전은 살면서 꼭 읽어야 한다고 수없이 들었지만 좀처럼 손이 가지 않는 책이다. 한편으로 고전은 짧은 시간 동안 관심받고 사라지는 대부분의 책과 달리 세월의 시련을 겪어 내고 당당히 서가에 꽂혀 있는 책이다. 이 자체로 우리가 읽어야 할 가치는 충분하다.

  저자인 제시 리버모어는 '월가의 큰 곰', '추세 매매의 아버지'라고 불리었다. 또한 월스트리트 역사상 가장 위대한 개인투자자로 칭송받는다. 이 책의 원전인 《How to Trade in Stocks》는 제시 리버모어의 마지막 저술로 1939년에 쓰기 시작해 이듬해 3월 출간됐다. 책이 출간된 이후 독자들의 꾸준한 사랑을 받으며 미국을 비롯한 전 세계 금융 업계에서 이미 고전의 반열에 올라선 책이다. 국내에서도 여러 차례 번역 출간되었는데, 섬세하고 가독성이 뛰어난 번역으로 다시 독자와 만나게 되어 반가운 마음이 앞선다.

제시 리버모어는 자신의 주식 매매 경험을 통해 추세 매매 기법, 자금관리법, 심리통제법 등 현대적 의미의 매매 기법을 이 책에서 정리했다. 그가 왜 '추세 매매의 아버지'라고 불리는지 알 수 있다. 그의 매매 기법은 이후의 저명한 투자자들에게 심대한 영향을 미쳤다. 오늘날 투자계의 전설이자 영웅으로 널리 알려져 있는 빌 그로스, 윌리엄 오닐, 켄 피셔, 잭 슈웨거, 커티스 페이스, 알렉산더 엘더 등이 그들이다. 필자도 그에게 받은 영향이 적지 않다. 그의 매매 기법과 자금관리 방법을 볼 때마다 그 지혜에 감탄하곤 했는데, 올해 상반기에 발간될 필자의 신간 《차트의 해석》에서 리버모어의 피라미딩 투자 기법 등을 비교적 상세히 소개하고자 노력하였다.

제시 리버모어는 이 책에서 주식투자란 무엇인지, 또 어떤 원칙을 갖고 해나가야 하는지를 명확하게 알려준다. 이를 몇 가지 사항으로 정리하면 다음과 같다. 주식시장에는 그 어떤 새로운 것도 없다는 것, 투기를 해야 할 때가 있고 절대 투기를 하지 말아야 할 때가 있다는 것, 시장은 절대로 틀리지 않지만 우리의 판단은 자주 틀리므로 시장이 확인해줄 때까지 기다리라는 것 등이다.

더불어 리버모어가 실제로 겪은 일화를 통해 투자의 지혜를 들려준다. 투자 대가의 이야기를 마치 바로 옆에서 듣는 듯 생생함이 전달된다. 인내의 중요성과 투자자에게 현금이 얼마나 소중한지, 시장의 큰 흐름은 하루아침에 만들어지지 않으므로 분기점에 다다를 때

추천사

까지 기다리는 것이 얼마나 중요한 일인지 알 수 있다. 또한 리버모어 자신이 시장의 흐름을 찾아내기 위해 어떻게 주가를 기록하는지 있는 그대로 보여준다.

2022년은 주식투자하기에 다소 불안한 해가 될 듯하다. 그동안 부각되지 못했던 것들이 한꺼번에 부정적인 영향을 줄 것으로 판단되기 때문이다. 심화되는 인플레이션 압력, 예정된 금리 인상, 지나치게 급등한 자산가격 등이 그것이다. 그렇기에 시장에 대한 냉철한 판단과 적절한 대응이 필요해 보인다. 답이 없어 보이는 주식시장의 움직임 안에서 이 책이 하나의 등불이 되어주리라 믿는다. 바야흐로 '투자의 시대'에 주식시장이 주는 무게에 눌려 쉽게 '주식투자'에 다가서지 못한 독자가 있다면 이 책을 통해 도전해보는 것도 좋을 것이다.

김정환
GB투자자문 대표, 《차트의 기술》 저자

차례

추천사 "어떻게 투자하고, 매매할 것인가"에 대한   4
월가의 전설 제시 리버모어의 해답

1부

제시 리버모어의 주식투자하는 법

- 투기는 모험사업이다   14
- 주가의 흐름을 읽어라   33
- 선도주를 따르라   43
- 내 손 안의 돈, 이익금 일부를 현금화하라   50
- 전환점을 포착하라   60
- 100만 달러의 실수   73
- 300만 달러의 이익   84
- 리버모어의 비밀 노트, 시장의 핵심   95

2부

제시 리버모어의 주가 기록표

- 주가 기록표 작성 규칙 ... 106

3부

제시 리버모어의 투자 어록

- 시장에 대한 태도 ... 148
- 매매에 임하는 원칙 ... 154
- 투자 마인드 ... 161

4부

리처드 와이코프, 제시 리버모어를 만나다

- 위대한 트레이더를 만나다 ... 170
  - 베일에 싸인 투기 분야의 독보적인 트레이더 ... 171
  - 월스트리트의 전설이 된 위대한 트레이더 ... 172

제시 리버모어, 인터뷰에 응하다		173
제시 리버모어에게 배운 교훈 1. 종목을 제대로 골라내는 안목을 길러라		174
제시 리버모어에게 배운 교훈 2. 약세 업종은 피하라		175
제시 리버모어에게 배운 교훈 3. 주식에도 성수기와 제철이 있다		176
제시 리버모어에게 배운 교훈 4. 투자에 성공하는 한 가지 확실한 방법		177
제시 리버모어에게 배운 교훈 5. 성공의 필수 요건		178

제시 리버모어의 매매 원칙 1.   181
매매하기 전 준비 작업

불확실한 거래 방식을 바꾸다	181
매매 전 준비 작업 1. 영업일의 거래 활동 계획	182
매매 전 준비 작업 2. 하루 업무 준비	183
매매 전 준비 작업 3. 사실 정보 탐색	184
매매 전 준비 작업 4. 스스로 배운다	186
매매 전 준비 작업 5. 가장 중요한 것에 집중하다	188
매매 전 준비 작업 6. 시장 연구는 필수	190

제시 리버모어의 매매 원칙 2.   195
매매에 집중할 수 있는 특별한 공간

매매에 방해되는 요소를 차단하다	195
트레이더의 필수 요건 1. 평정심	197
트레이더의 필수 요건 2. 소문을 멀리하라	197
트레이더의 필수 요건 3. 오로지 매매에 집중하기 위한 사무실	198

| 제시 리버모어와 제임스 킨의 공통점: 꼭 필요한 일만 한다 | 200 |
| 제시 리버모어가 뉴스를 해석하는 방법: 숨어 있는 진짜를 찾아라 | 202 |

제시 리버모어의 매매 원칙 3. 주식 시세표 읽는 법 206

주식 시세표로 전환점을 포착하는 방법 215

주식 시세표로 중·단기 변동 장세에서 매매하는 법 217

제시 리버모어의 매매 원칙 4. 위험은 축소하고 최소 이익의 기준을 정한다 220

성공한 트레이더에게서 얻은 교훈: 손실은 빨리 없애라 221

제시 리버모어는 어떻게 위험을 제한하는가 223

제시 리버모어의 매매 원칙 5. 자본 운용하는 법 228

자본 운용 규칙 1. 손실을 빨리 줄여라 230

자본 운용 규칙 2. 기회를 포착하기 위해 늘 준비한다 232

제시 리버모어는 어떤 주식을 거래하는가? 235

신속하게 반응하는 종목을 선택한다 238

제시 리버모어의 피라미딩 매매 기법 241

상품시장 투기자에게 얻은 교훈 243

합리적 판단이 가능하도록 냉철한 상태를 유지하라 245

How to trade in Stocks

1부

제시 리버모어의 주식투자하는 법

투기는 모험사업이다

　언제나 그랬듯 세상에서 투기만큼 매혹적인 게임도 없다. 그러나 투기는 어리석은 사람, 정신적으로 나태한 사람, 감정 기복이 심한 사람, 일확천금을 꿈꾸는 사람에게는 절대 어울리는 게임이 아니다. 이런 사람들이 투기에 나섰다가는 평생 가난을 면치 못할 것이다.
　나는 아주 오래 전부터 낯선 사람이 잔뜩 모인 파티에는 잘 참석하지 않으려 했다. 그런 곳에 가면 내 옆에 앉은 사람은 으레 시답잖은 농담을 던지다가 결국은 이렇게 물어본다.
　"어떻게 하면 주식으로 돈을 벌 수 있을까요?"
　내가 그나마 젊었을 때는 주식시장에서 쉽게 그리고 빨리 돈을 벌고 싶어 하는 사람들에게 시장에서 돈을 벌기는 쉽지 않다는 점을 열심히 설명하려고 애를 썼다. 이마저 여의치 않다 싶으면 상대가 기분 나쁘지 않게 대충 돌려 말하면서 그 자리를 피하려 했다. 그러나 요즘은 다르다. 누구든 그런 질문을 해오면 대놓고 아주 퉁명스럽게 말한다.

"나도 모릅니다."

그런 사람들을 보면 내 인내심의 한계가 느껴진다. 일단 그런 질문 자체가 오랫동안 투자와 투기를 진지하게 연구해온 사람에 대한 예의가 아니라고 생각하기 때문이다. 법이나 의학 방면의 문외한이 변호사나 외과의사에게 다음과 같이 묻는다고 생각해보라.

"변호나 수술로 쉽게 돈을 벌려면 어떻게 해야 하나요?"

그래도 세상에는 올바른 방향으로 안내할 적절한 이정표나 길잡이만 제시해주면 시장에서 투자나 투기하는 방법을 진지하게 배워볼 의향이 있는 사람이 더 많다는 생각이 들었다. 바로 이런 사람들을 위해 이 책을 썼다.

나는 이 책을 통해 실패와 성공 그리고 이 과정에서 얻은 교훈을 포함해 평생 주식시장에서 투기를 업으로 삼으며 겪었던 경험 중에서 이 부분에 관심 있는 다른 사람이 새겨들으면 좋을 만한 내용을 전달해주고 싶었다. 내가 말하는 모든 사실을 관통하는 핵심은 매매에서의 '시간 요소 Time element'에 관한 이론이다. 그리고 개인적으로 이것이 성공적 투기에서 가장 중요한 개념이라고 생각한다.

그러나 본격적인 논의를 하기 전에 당부하고 싶은 말이 있다. 매매와 관련된 사항을 직접 기록하면서 스스로 생각하고 결론을 내리려는 노력을 얼마나 하느냐에 따라, 또 그 작업에 얼마나 솔직하고 진지하게 임하느냐에 따라 성공의 열매를 따 먹을지, 아니면 실패의 쓴잔을 마실지 판가름 난다는 사실을 명심하기 바란다. '건강하게 사는 법'에 관한 책을 읽고 나서 정작 '운동'은 내 알 바 아니라고 한다면 건강이 유지되겠는가! 이 책을 읽는 독자도 마찬가지다. 앞으로 찬찬히 다루겠지만, 가격과 시간 요소를 결합해 만든 내 매매 기법을 충실히 따르려 한다면 매매 내용을 기록하는 작업을 다른 사람에게 떠넘겨서는 안 된다.

나는 올바른 길을 안내해주는 역할을 할 뿐이고, '리버모어'라는 '길잡이'를 통해 많은 사람이 주식시장에서 이익을 낼 수 있다면 그것으로 만족한다.

나는 이 책을 통해 투자 대중에게 오랜 시간 투자자와 투기자로서 활동하며 터득한 몇 가지 비법과 원칙을 제시하고자 한다. 투기 쪽에 더 관심이 기운 사람이라면 '사업'이라는 관점에서 투기 매매에 접근해야 한다. 대다수 사람은 투기라고 하면 단순히 '도박'으로 치부하는 경향이 있으나 투기를 도박으로 간주하면 낭패를 보기 십상이다. 투기도 하나의 사업이라는 내 생각이 옳다는 전제하에, 투기 '사업'에 임하는 사람은 관련 정보와 자료를 최대한 많이 수집해 열심히 공부하는 자세로 임해야 한다. 투기로 성공하기 위해 열심히 노력하며 최선을 다했던 지난 40년 동안 나는 이 '사업'에 적용할 새로운 규칙을 찾아내려 애썼고, 지금도 여전히 노력하고 있다.

시장에서 눈앞에 임박한 가격 움직임을 왜 제대로 예측하지 못했는지 머리를 쥐어뜯으며 잠자리에 든 적이 한두 번이 아니었다. 그러다 다음 날 아침 일찍 일어나면 새로운 영감이 떠오를 때가 많았다. 그런 날 아침이면 이전 가격 움직임을 다시 살펴보면서 새롭게 떠오른 생각이 그때 도움이 됐을지 아닐지 확인하고 싶어 안달이 났다. 이 새로운 생각이 완벽하게 들어맞은 적은 별로 없었다. 그래도 그 생각 중에서 건질 만한 부분은 분명히 있었고, 그런 정보가 내 잠재의식에 차곡차곡 쌓여갔다. 나중에도 또 다른 생각이 떠오르면 그때도 이런 식으로 바로 대조 작업에 들어갔다.

이렇게 다양한 생각을 거르고 골라 개념화하였고, 때가 되자 매매 기록표 작성에 대한 구체적인 방법론으로 다듬어졌다.

내 이론과 실무 방법론은 "주식이나 상품의 투자 및 투기 부문에서 듣지도 보지도 못한 완전히 새로운 일은 일어나지 않는다"라는 사실을 뒷받침한다. 투기를 해야 할 때가 있듯이 투기를 하지 말아야 할 때도 분명히 있다. 이와 관련해 깊이 새겨둘 만한 명언이 있다.

"경마 경주에서 한 번은 이길 수 있지만, 매번 이길 수는 없다."

주식 매매도 마찬가지다. 주식 투기나 투자에서 돈을 벌 때도 있지만, 매일 혹은 매주 매매한다고 해도 그때마다 돈을 벌 수는 없다. 무모한 사람이나 매매하는 족족 돈을 벌 수 있다는 희망에 목을 맨다. 매번 이기는 게임이라니 가당키나 한 일인가!

투자나 투기에서 성공하려면 관심 종목의 주가 흐름을 예측하는 나름의 기준이 있어야 한다. 투기란 앞으로의 주가 흐름이나 시장 동향을 예측하는 일 그 이상도 이하도 아니다. 예측이 정확하려면 이에 대한 명확한 기준이 있어야 한다. 예를 들어, 시장에 영향을 미칠 만한 소식이 발표됐을 때 그 소식이 시장에 미치는 실질적인 영향을 스스로 분석해보라. 그리고 이 특정한 소식이 투자 대중에 미치는 심리적 효과를 예측해보라. 상승장이나 하락장이 분명히 예상되는 상황이라도, 시장 행동을 관찰한 결과 자신의 생각이 옳다는 확신이 들기 전까지는 자신의 생각을 믿지 말고 판단을 보류하라.

시장에 미치는 효과가 자신이 생각하는 만큼 명확하지 않을 수 있기 때문이다. 말하자면 시장에 확고한 추세가 형성된 이후에는 호재든 악재든 간에 그 소식이 시장에 미치는 영향은 미미하다. 소식이 전해질 당시 시장이 과매수나 과매도 상태일 수 있고, 그럴 때는 어떤 소식이든 그냥 묻혀버릴 가능성이 크다. 과거 이와 비슷한 상황일 때의 시장 기록이 있다면 투자자나 투기자에게는 이보다 더 귀중한 자료도 없다. 이때는 개인적인 생각은 일단 접어두고 시장 행동 자체에 주목해야 한다. 개인의 생각이나 의견은 틀릴 수 있어도 시장은 절대 틀리지 않는다. 시장이 자신의 생각대로 움직이지 않는다면 투자자나 투기자의 생각은 아무짝에도 쓸모가 없다.

오늘날 한 개인이나 한 집단이 시장 흐름을 만들거나 뒤바꾸는 일은 불가능하다. 특정 주식이 어떻게 될지에 대한 의견은 있을 수 있고, 주가가 상승한다든지 하락한다는 예측은 가능할 수 있다. 게다가 이러한 예측이 맞아떨어질 때도 있다. 그런데 문제는 그러한 예측을 믿고 너무 성급하게 행동하면 손실을 낼 수 있다는 것이다. 말하자면 자신의 판단을 믿고 곧바로 행동에 나서자마자 주가가 생각했던 것과 정반대로 움직일 때가 있다.

거래는 뜸해지고 예측한 흐름을 기다리다 지친 투자자는 결국 손을 털고 시장에서 물러난다. 그런데 며칠이 지나고 상황이 괜찮아 보이면 다시 시장에 진입한다. 그러나 재진입을 하자마자 기다렸다는 듯이 시장 흐름은 또다시 투자자에게 불리하게 전개된다. 그러면 역시 자신의 판단이 잘못됐다고 생각하면서 다시 시장에서 나온다. 그런데 또 시장이 움직이기 시작한다.

이 투자자는 결국 성급하게 행동한 결과 두 번에 걸쳐 실수를 저질렀고, 이 때문에 자신감을 완전히 잃게 된다. 또 자신의 판단에 따라 일단 시장에 들어갔는데 그 흐름이 더는 진행되지 않을 가능성이 있다. 앞을 내다보고 성급하게 시장에 들어가서 때를 기다리는 중에 애초 예상했던 흐름이 실제로 나타났는데, 하필이면 그때 시장에서 나와 버리기도 한다.

여기서 말하려는 핵심은 특정 종목이나 종목군(업종)의 향후 동향에 대한 판단을 내렸더라도 조급하게 행동하지 말라는 것이다. 해당 종목이나 종목군의 시장 행동을 일단 지켜보며 기다려라. 그러기 위해서는 행동 기준을 미리 정해놓을 필요가 있다. 예를 들어, 한 종목이 주당 25달러 부근에서 팔리는데 한동안 22~28달러 가격대에 머물러 있었다고 하자. 50달러까지 오를 것이라고 예상하는데, 현재는 25달러다. 굳이 50달러에 매도할 생각이라면 앞으로 매매가 활발해져서 30달러선에서 신고가가 형성될 때까지 느긋하게 기다려야 한다. 그 정도 선이면 자신의 판단이 과히 틀리지 않았다고 안심할 수준은 된다. 해당 종목이 예상했던 주가 추세가 강하게 나타나고 있음에 틀림없다.

예측이 틀렸다면 30달러 수준까지 가지는 못할 것이다. 일단 30달러선에서 신고가가 형성됐다면 분명한 상승세이고, 이 추세가 계속될 가능성이 크다. 이제 자신의 판단을 믿을 시점이다. 25달러일 때 '더 사놓을걸!'이라고 후회하며 공연히 화를 돋우지 마라. 만약 당신이 주가가 25달러였을 때 매수했더라도, 50달러가 될 때까지 기다리다 지쳐서 막 주가가 오르기 시작할 때 모두 팔고 시장에서 나왔을 수도 있다. 또 일단 너무 낮은 가격에 팔고 나와 버렸는데, 주가가 오르기 시작하면 다시 시장에 들어가야 할 시점임에도 너무 속이 상해서 다시 시장에 들어갈 생각도 하지 않을 수 있다. 그러니 이미 지난 일로 공연히 속앓이하지 마라.

내 경험에 비추어 보면 처음부터 수익이 나는 주식이나 상품에 투자했을 때 많은 돈을 벌었다. 나중에 내 매매 사례 몇 가지를 소개할 때 여러분도 확인할 수 있는데, 나는 심리적 시간Psychological time에 맞춰 매매를 개시했다. 다시 말해 시장 흐름을 주도하는 힘이 너무 강력해서 그냥 그 흐름을 타기만 해도 될 시점에 들어가 첫 매매를 했다. 이는 내 매매 행위가 아니라 특정 종목을 떠받치는 힘이 매우 강한 데서 비롯된 흐름이었다. 그리고 이는 한두 사람이나 한두 가지 요소의 작용으로 형성되는 인위적인 힘이 아니다.

다른 많은 투기자와 마찬가지로 나 역시 확실하다 싶은 시점을 기다리지 못하고 성급하게 행동할 때가 많았다. 그리고 나 역시도 매번 이익이 나기를 바랐다. 그러면 사람들이 내게 이렇게 물을지도 모르겠다. "아니, 그 세계 경험이 그렇게 많은 사람이 왜 그랬어요?" 이 질문에 대해서는 나도 인간인지라 취약한 본성에서 벗어날 수 없었노라고 대답할 수밖에 없다. 투기자가 그렇듯이 나 또한 조바심 때문에 판단력이 흐려진 것이다.

투기는 포커나 브리지 게임, 다른 카드 게임과 매우 유사하다. 누구나 게임을 할 때마다 이기고 싶어 하고, 이기려고 무슨 수든 쓰려고 한다. 정도의 차이가 있을 뿐, 이는 인간인 우리 모두가 공유한 약점으로 투자자나 투기자에게는 가장 큰 적敵이다. 때문에 적절히 손을 쓰지 않으면 결국 큰 낭패를 보게 된다.

희망을 품는 것도, 두려움을 느끼는 것도 인간으로서의 당연한 정서다. 그러나 희망과 두려움이 투기라는 사업에 개입되면 엄청난 위험에 직면하게 된다. 이 두 감정이 뒤섞이면서 희망인지 두려움인지 모를 상황이 전개되기 때문이다.

예를 하나 들어보겠다. 주당 30달러에 주식을 산다고 하자. 다음 날 주가가 32달러 혹은 32.50달러로 상승했다. 이때 재빨리 이익을 실현하지 않으면 다음 날 주가가 다시 떨어질지 모른다는 생각에 마음이 조급해진다. 그래서 약간의 이익을 취하고 바로 시장에서 나와 버린다. 주가가 더 오른다는 희망을 한껏 품고 느긋하게 기다려야 할 바로 그 시점에 말이다. 어차피 전날에는 존재하지 않았던 겨우 2포인트(2달러) 이익인데, 이 쥐꼬리만 한 이익을 잃을까 봐 불안해하는 이유는 대체 무엇인가? 단 하루 만에 2포인트 이익이 발생할 수 있으면 하루 더 지나면 2~3포인트 이익이 더 발생하지 말란 법이 없다. 아마도 한 주 더 지나면 5포인트 이익이 발생할지도 모른다.

주가와 시장 흐름이 예측한 방향으로 간다면 성급하게 이익을 실현하려고 하지 마라. 자신의 판단이 옳았다는 것에 자신감을 가져라. 만약 판단이 틀렸다면 2포인트라는 미미한 수준의 이익조차 전혀 발생하지 않을 테니 말이다. 그러니 그 흐름을 타면서 기다려라. 이익이 더 크게 날지도 모른다. 그리고 '시장 행동'에서 이상 신호가 포착되지 않는 한 자신의 판단을 믿고 담대하게 현재의 포지션을 유지하라.

이번에는 30달러에 주식을 샀는데 다음 날 주가가 28달러로 하락하면서 2포인트 손실이 났다고 가정해보자. 그런데 그다음 날 또다시 3포인트 넘게 손실이 나도 별로 걱정하지 않는다. 그냥 일시적 조정이라고 생각하면서 다음 날에 손실을 회복할 것이라고 확신한다. 그러나 사실 이번에는 걱정해야 할 때다. 지금 2포인트 손실 이후 다음 날 또 2포인트 손실이 날 수 있고, 다음 주 혹은 그다음 주에 5~10포인트의 손실이 날 가능성이 있기 때문이다. 손실 규모가 아직 미미할 때 바로 손을 털고 나오지 않으면 나중에 더 큰 손실을 볼 수 있다. 이때야말로 희망이 아니라 두려움을 느껴야 하는 시점이다. 다시 말해 앞으로 더 큰 손실이 나기 전에 빨리 주식을 팔아 손실 위험으로부터 자신을 보호해야 할 때다.

이익은 그냥 놔둬도 스스로 알아서 커지지만, 손실은 절대 그렇지 않다. 투기자는 처음에 작은 손실이 났을 때 바로 손실을 실현함으로써 앞으로 더 큰 손실을 감당해야 하는 상황을 미연에 방지해야 한다. 이렇게 자신의 투자 자금 계정을 보존해놔야 나중에 이익을 낼 좋은 기회라고 판단되는 시기가 왔을 때 시장에 다시 진입하는 것을 시도할 수 있다.

투기자 본인이 스스로에 대한 '보험 중개인'이 돼야 한다. 투기라는 '사업'을 계속하려면 자신의 자본 계정을 보호하고, 파산 위험에 내몰릴 정도로 큰 손실이 나지 않도록 주의해야 한다. 재정적 여건을 갖춰 놓아야만 나중에 시장에 대한 자신의 예측이 옳다고 판단될 때

다시 시장에 진입할 수 있다. 성공적인 투기자나 투자자라면 상승장이든 하락장이든 간에 매매에 나설 때는 충분한 근거를 가지고 움직여야 한다. 그리고 시장 진입 시점을 결정할 자신만의 특별한 잣대를 보유하고 있어야 한다.

반복해서 말하자면 시장 흐름이 확연하게 드러나는 시점이 분명히 있다. 투기자로서 예민한 감각이 있고 인내심이 있다면 정확히 언제 시장에 들어가야 하는지 결정하는 데 필요한 특별한 방법을 고안해낼 수 있다고 굳게 믿는다. 단순 추측이나 어림짐작으로 투기에 성공하기를 바라서는 안 된다. 투기자든 투자자든 성공 투자를 이어가려면 판단의 기준이 될 기본 규칙이 있어야 한다.

하지만 내가 활용하는 지침이나 기준이 다른 사람에게는 무용지물일 수도 있다. 그 이유는 무엇일까? 내게는 더없이 가치 있는 지침인데, 다른 사람에게는 왜 쓸모가 없을까? 이 세상에 100% 옳은 지침이란 없기 때문이다. 자신이 즐겨 사용하는 지침이 있다는 말은 그 결과에 대해 자신이 어떻게 행동해야 하는지를 분명히 이해하고 있다는 뜻이기도 하다. 예컨대 주식이 내가 예측했던 대로 움직이지 않으면 그 즉시 아직은 때가 아니라고 판단하고 매매를 중단해야 한다. 며칠 후 내 기준에 따라 다시 시장에 들어가야 할 시점이라고 생각된다면 그때 매매를 재개한다. 이 시점에서는 내 지침이 100% 옳다고 믿어도 된다.

시간을 내서 가격 흐름을 면밀히 관찰하고 조사하는 사람이라면 누구든 향후 시장 활동에 도움이 될 기본 행동 지침을 만들어낼 수 있을 것이라고 생각한다. 이 책에서 나는 그동안 투기 매매를 하면서 터득했던 귀한 정보들을 소개할 것이다.

뛰어난 매매 고수들은 평균 수치를 기록하거나 평균 차트를 만든다. 그리고 주가가 평균치를 웃도는지 밑도는지 혹은 평균치 부근인지를 살펴본다. 이러한 차트나 수치 자료가 확실히 특정한 추세를 가리킬 때가 종종 있다. 나는 개인적으로 차트는 별로 선호하지 않는다. 차트는 너무 복잡해서 혼동의 여지가 많다고 생각하기 때문이다. 다른 사람이 열심히 차트를 그릴 때 나는 열심히 수치를 기록한다. 차트파가 옳고, 기록파인 내가 틀릴지도 모르지만….

내가 수치 기록을 선호하는 이유는 수치를 기록하다 보면 시장 상황이 눈앞에 명확히 그려지기 때문이다. 물론 '시간 요소'를 고려하기 시작한 이후에 비로소 내 기록표가 주요 시장 흐름을 예측하는 유용한 도구가 되었다. 나중에 더 자세히 설명하겠지만, 수치 기록과 함께 시간 요소까지 고려하면 향후 주요 시장 동향을 비교적 정확히 예측할 수 있다고 생각한다. 하지만 그러기 위해서는 인내심이 필요하다.

그리고 개별 종목이나 다른 종목군에 관해 상세히 알고 있어야 한다. 열심히 작성한 기록표와 함께 시간 요소까지 고려한다면 머지않아 주요 흐름이 나타나는 시점을 명확히 포착할 수 있을 것이다.

기록표를 정확히 읽는다면 특정 업종의 선도주를 집어낼 수 있다. 다시 말하지만, 다른 사람의 손을 빌리지 말고 직접 기록해야 한다. 이 작업은 절대로 다른 사람에게 맡겨서는 안 된다. 직접 기록표를 작성하다 보면 놀랄 정도로 새로운 생각이 엄청나게 많이 떠오르게 될 것이다. 이는 자신이 직접 떠올리고 발견하게 된 자신만의 비밀 정보로, 다른 사람에게서는 절대로 들을 수도 없고 얻을 수도 없는 귀중한 정보이다.

나는 이 책에서 투자자와 투기자라면 절대 하지 말아야 할 '금기 사항' 몇 가지를 알려주고자 한다. 반드시 지켜야 할 기본 원칙 가운데 하나는 '투자' 개념에 내포된 안전 속성을 과신하지 말라는 것이다. 투기하듯 투자하거나, 투자하듯 투기하는 행위는 절대 금물이다. 투자자는 돈을 내고 주식을 샀다는 이유 하나만으로 엄청난 손실을 감수하는 경우가 종종 있다.

다음과 같이 말하는 투자자가 한둘이 아니다.

"나는 주가가 오르락내리락해도, 또 추가 증거금 납부 독촉을 받아도 별로 걱정하지 않아. 나는 절대 투기를 하는 게 아니거든. 내가 주식을 사는 것은 투자를 위한 거야. 주가가 하락해도 크게 상관은 없어. 어차피 결국 주가는 오를 테니까."

이렇게 낙관적인 투자자에게는 정말 안된 일이지만, 당시에는 최적의 매수 시점인 듯해서 주식을 샀는데 이후 시장 상황이 매수 당시

와는 달라지는 경우가 심심치 않게 발생한다. 그래서 처음에는 분명히 '투자주'였는데 나중에는 완전히 '투기주'가 돼버리는 경우가 종종 있다. 개중에는 시장에서 완전히 사라져 버리는 종목도 있다. 이렇게 되면 투자 자본이 증발하면서 '투자'라는 말이 무색해진다.

이러한 현상이 나타나는 이유는 아무리 '투자'라고 해도 나중에 다양한 변수로 인해 시장 상황이 변화하면서 처음에 장기 투자용으로 매수한 종목의 수익력이 떨어질 수도 있다는 사실을 간과했기 때문이다. 투자자가 이 같은 상황 변화를 눈치챘을 때는 이미 자신이 투자했던 종목의 가치가 크게 하락한 후일 것이다. 그러므로 투기 고수가 투기 자본 보호에 신경 쓰듯이, 투자자 또한 투자금 계정을 보호해야 한다. 이렇게만 하면 '투기자'가 아니라 '투자자'이고 싶었던 사람이 나중에 본의 아니게 투기자로 내몰리는 일도 없을 것이다. 또한 투자 자본이 크게 줄어드는 일도 없을 것이다.

몇 해 전까지만 해도 은행에 예금하는 것보다 '뉴욕, 뉴헤이븐&하트퍼드 철도회사New York, New Haven & Hartford Railroad'에 투자하는 편이 훨씬 안전하다는 것이 중론이었다. 1902년 4월 28일 당시 뉴헤이븐 주식의 매매가는 주당 255달러였다. 1906년 12월에 '시카고, 밀워키&세인트폴 철도회사Chicago, Milwaukee & St. Paul'는 주당 199.62달러에 매매됐다. 같은 해 1월 '시카고 노스웨스턴 철도회사Chicago Northwestern'는 주당 240달러에 매매됐다. 그리고 같은 해 2월 9일 '그레이트 노던 철도회사Great Northern Railway' 주식의 매매가는 주당 348달러였다. 이들 종목 전부가 배당금까지 넉넉히 지급하고 있었다.

그럼 이 종목들은 지금 어떤 상황인지 살펴보자. 1940년 1월 2일, 이 종목들의 주가는 이렇다. '뉴욕, 뉴헤이븐&하트퍼드'는 주당 0.50달러, '시카고 노스웨스턴'은 주당 0.3125달러이다. 그리고 '시카고, 밀워키&세인트폴'은 이날 자료는 없고 1월 5일에 주당 0.25달러를 기록했다.

한때 초우량주였지만 그 가치가 엄청나게 떨어졌거나 아예 휴짓조각이 돼버린 주식을 열거하라면 지금 이 자리에서 수백 개라도 말할 수 있다. 안전한 투자처로 생각되던 종목이 맥없이 무너지고, 이와 함께 이른바 보수적 투자자의 자본 손실도 엄청났다.

투기자가 주식시장에서 많은 돈을 잃은 것은 사실이다. 그러나 이른바 투자자가 '투자'의 안정성을 너무 믿고 나 몰라라 한 탓에 발생한 손실에 비하면, 투기로 잃은 돈은 그야말로 새 발의 피에 불과하다고 생각한다.

나는 투자자는 큰돈을 거는 도박꾼이라고 생각한다. 이들은 크게 베팅해 놓고 느긋하게 기다린다. 이 베팅이 잘못된 선택이면 돈을 전부 잃는다. 투기자도 같은 시점에 주식을 살 수 있다. 그러나 현명한 투기자라면, 그래서 기록표를 꼼꼼히 작성해왔다면 상황이 자신에게 유리하지 않다는 신호를 바로 감지할 수 있을 것이다. 그리고 이 위험 신호에 곧바로 대응해 손실을 최소화함으로써 시장에 재진입할 기회가 오기를 기다릴 것이다.

주가가 하락세를 타기 시작할 때는 앞으로 가격이 얼마나 더 떨어질지 아무도 모른다. 이와 마찬가지로 주가가 큰 폭으로 오르고 있을 때도 최종 고점이 어디일지 예측하기 어렵다. 이와 관련해 꼭 염두에 둬야 할 중요한 사실이 몇 가지 있다.

우선 가격이 충분히 올랐다고 느껴질 때 주식을 팔려고 하는데, 그래서는 안 된다. 주가가 10달러에서 50달러로 오르는 상황을 지켜보면서 매매가가 너무 높다고 생각할지 모른다. 그러나 이럴 때는 주가 하락을 걱정하기보다 오히려 높은 수익력과 양질의 경영 상태를 고려해 50달러에서 다시 150달러 수준까지 치고 올라갈 가능성이 있는지에 더 무게를 둬야 한다. 실제로 가격이 큰 폭으로 상승한 이후 '너무 많이 올랐다'고 판단해 매도했다가 큰 손실을 보는 사람이 꽤 많다.

같은 맥락에서 이전 고점 수준에서 크게 하락했다는 이유만으로 매수에 나서면 안 된다. 주가가 하락한 데는 그럴만한 이유가 있을지도 모른다. 그러니 가격이 싸다고 무조건 덤비면 안 된다. 현재 주가 수준이 많이 낮아 보여도 내재가치에 비하면 여전히 비싼 수준일지 모른다. 이전 고가 범위는 잊어버리고 가격과 시간 요소를 결합한 매매 공식을 바탕으로 주가 수준을 분석해야 한다.

나의 매매 방식을 보면 다들 놀랄지 모르겠지만, 사실 나는 기록표를 보고 상승 추세가 진행 중이라는 판단이 서면 '정상적 수준의 시장 조정Normal reaction' 이후 신고가를 경신하자마자 주식을 매수한다.

매도 포지션을 취할 때도 마찬가지다. 그 이유는 무엇일까? 그 당시의 추세를 추종하기 때문이다. 내 기록표가 보내는 신호에 따라 행동하는 것뿐이다!

나는 절대로 조정 시점에 매수하거나 반등 시점에 매도하지 않는다. 또 한 가지 염두에 두어야 할 것이 있다. 첫 매매에서 손실이 났으면 미련을 버리고 똑같은 실수를 다시 저지르지 마라. 평균 매수 단가를 낮춰보겠다고 추가 매수에 나서는 우를 범하지 말라는 것이다. 이 점을 반드시 기억하기 바란다.

제시 리버모어의 투자 어록

"어떻게 하면 주식으로 돈을 벌 수 있을까요?"라는 질문에 나는 이렇게 대답한다. "나도 모릅니다."

개인의 생각이나 의견은 틀릴 수 있어도 시장은 절대 틀리지 않는다.

상승장 혹은 하락장이 분명히 예상되는 상황이라도, 시장 행동을 관찰한 결과 자신의 생각이 옳다는 확신이 들기 전까지는 자신의 생각을 믿지 말고 판단을 보류하라.

특정 종목이나 종목군(업종)의 향후 동향에 대한 판단을 내렸더라도 조급하게 행동하지 마라.

'시장 행동'에서 이상 신호가 포착되지 않는 한 자신의 판단을 믿고 담대하게 현재의 포지션을 유지하라.

경마 경주에서 한 번은 이길 수 있지만, 매번 이길 수는 없다.

투자나 투기에서 성공하려면 관심 종목의 주가 흐름을 예측하는 나름의 기준이 있어야 한다.

'투자' 개념에 내포되어 있는 안전 속성을 과신하지 마라.

투기란 앞으로의 주가 흐름이나 시장 동향을 예측하는 일 그 이상도 이하도 아니다.

이익은 그냥 놔둬도 스스로 알아서 커지지만, 손실은 절대 그렇지 않다. 투기자는 처음에 작은 손실이 났을 때 바로 손실을 실현함으로써 앞으로 더 큰 손실을 감당해야 하는 상황을 미연에 방지해야 한다.

첫 매매에서 손실이 났으면 미련을 버리고 똑같은 실수를 다시 저지르지 마라. 평균 매수 단가를 낮춰보겠다고 추가 매수에 나서는 우를 범하지 마라.

주가와 시장 흐름이 예측한 방향으로 흘러간다면 성급하게 이익을 실현하려고 하지 마라.

성공적인 투기자나 투자자라면 상승장이든 하락장이든 간에 매매에 나설 때는 충분한 근거를 가지고 움직여야 한다. 그리고 시장 진입 시점을 결정할 특별한 잣대를 보유하고 있어야 한다.

투자자에게 가장 큰 적은 감정에 휘둘리는 것이다.

주가의 흐름을 읽어라

사람마다 개성이 있듯이 주식도 종목마다 고유한 특성이 있다. 매우 예민하고 불안정하며 변동성이 큰 종목이 있는가 하면, 깔끔하고 직선적이며 필연성이 강한 종목도 있다. 주식을 매매하는 사람은 개별 종목에 익숙해지면서 각각의 특성에 주목하게 된다. 그리고 다양한 시장 환경에서 각 종목의 움직임을 예측할 수 있게 된다.

시장은 정체되어 있지 않다. 때로는 움직임이 거의 없어 보이기도 하지만, 주가는 한 지점에 고정되지 않는다. 소폭이나마 상승과 하락을 거듭한다. 일단 주가가 확실한 추세를 타게 되면 거의 기계적으로 선형적 주가 흐름을 꾸준히 이어가는 경향이 있다.

추세선 형성 초기에는 며칠 동안 가격이 서서히 상승하면서 거래량이 급격히 증가한다. 그러다가 이른바 '정상적 조정'이 일어난다.

조정 국면에서는 주가가 상승했던 이전 며칠 동안보다 거래량이 훨씬 줄어든다. 이 정도의 조정은 지극히 정상적인 수준이다. 그러므로 절대 겁먹을 필요는 없다. 그러나 정상 수준을 벗어나는 주가 변동이라면 당연히 경계해야 한다.

하루 이틀 내에 다시 정상적 흐름으로 되돌아오고 거래량도 다시 증가한다. 조정 이전의 추세가 진짜라면 주가가 조정 이전 수준으로 회복되고, 신고가 수준에서 매도가가 형성된다. 그리고 소폭에 그치는 하락 반발이 동반되면서 이런 흐름은 며칠 동안 강하게 이어진다. 그러다 얼마 후 또 한 번의 정상적 조정이 이뤄지는 지점에 도달한다. 이 상황이 되면 첫 번째 조정 때와 동일선상에서 추세선이 이어져야 한다. 주가가 확실한 추세를 탈 때는 이러한 흐름이 자연스러운 현상이기 때문이다. 이러한 추세 형성의 초기 국면에서는 이전 고점과 그다음 고점 간의 격차가 크지 않다. 그러나 시간이 지날수록 주가 상승 속도가 훨씬 빨라진다.

예를 하나 들어보겠다. 50달러에서 시작하는 주식이 있다고 하자. 주가 흐름의 첫 번째 국면에서 가격이 서서히 상승해 54달러까지 됐다. 그러다가 하루 혹은 이틀 동안 조정을 받으며 52.5달러 정도로 하락한다. 그리고 3일 후에는 원래 수준을 회복해 59달러 혹은 60달러까지 상승한다. 그러다 다시 조정이 이뤄진다.

그러나 이번에는 1포인트 혹은 1.5포인트 정도가 아니라 하락폭이 3포인트나 된다. 다시 며칠 내로 상승 추세가 재개되었지만, 이번에는 초기 국면의 거래량에 미치지 못한다. 그러면 주식을 매수하기 어려워진다. 하지만 이 단계쯤 되면 주가 상승 추이는 더욱 거세진다. 따라서 정상적 조정을 거치지 않고 이전 고점 60달러에서 다음 고점 68~70달러까지 쉽게 치고 올라갈 수 있다.

여기서 정상적 조정이 일어나면 상황은 더 극적으로 전개된다. 조정 국면에서 주가가 65달러까지 하락할 수 있으나 이 정도는 여전히 정상적 수준의 하락폭에 속한다. 그러나 하락폭이 5포인트 정도라면 어떻게 될까? 이때도 며칠 내에 상승 추세가 재개되어야 하며, 또다시 신고가 수준에서 매매가 이뤄져야 한다. 이 시점에서 '시간 요소'가 개입된다.

여기서 한마디 조언하자면 '한 종목에 너무 집착하지 마라'고 말하고 싶다. 매매로 이익을 실현한 후에는 일단 인내심을 발휘하며 잠시 숨 고르기를 할 시점이다. 하지만 그렇다고 위험 신호까지 무시하라는 의미는 아니다.

주가가 다시 상승하기 시작해 하루 만에 6~7포인트 상승했고, 다음 날에는 활발한 거래와 함께 8~10포인트 상승했다. 그런데 장 마감을 한 시간가량 앞두고 주가가 갑자기 7~8포인트 하락했다. 다음 날 아침까지 이 조정 국면이 이어지면서 1포인트 정도 더 하락했다. 다행히 이후 다시 상승세를 탔고 초강세로 장을 마감했다.

그러나 다음 날은 여러 가지 이유로 전날의 상승세를 이어가지 못했다고 하자. 여기서 위험 신호가 포착된다. 주가 흐름이 이렇게 이어지는 동안 자연스러운 정상적 조정 외에 다른 움직임은 없었다. 그런데 갑자기 비정상적 조정이 일어난다. 여기서 '비정상적'이라고 표현한 이유는 단 하루 만에 당일 고점에서 6포인트 넘게 주가가 조정을 받았기 때문이다. 이처럼 전에 없이 비정상적인 주가 흐름이 나타난다면 이를 위험 신호로 간주해야 하고 절대 이 신호를 무시해서는 안 된다.

자연스럽고 정상적인 주가 흐름이 이어지는 동안은 인내심이 필요한 시점으로 기존 포지션을 그대로 유지한다. 그러나 위험 신호가 포착된 이상 이제는 인내심이 아니라 용기가 필요하다. 즉 위험 신호를 진지하게 받아들이고 시장에서 발을 뺄 용기와 분별력이 필요한 시점이다.

앞에서도 말했듯이 이러한 위험 신호가 항상 들어맞는다고 할 수는 없다. 주가 변동에 관한 규칙이 100% 옳은 것은 아니기 때문이다. 그래도 그 위험 신호를 계속 주시하면 장기적으로 크게 이득이 된다.

언젠가 투기의 귀재 한 명이 내게 이런 말을 한 적이 있다.

"위험 신호가 포착되면 나는 말이야, 공연히 그 신호에 맞서 버틸 생각이 전혀 없다네. 나는 그냥 손 털고 나와 버려! 며칠 지나 시장 상황이 좋아지면 그때 다시 들어가면 되거든. 그렇게 하면 걱정도 덜고 내 돈도 지키게 되지. 이렇게 이해하면 될 거야. 내가 철로를 따라

걷고 있는데, 저 앞에서 급행열차가 시속 95킬로미터가 넘는 속도로 달려오는 거야. 이럴 때는 철로에서 벗어나는 게 상책이야. 괜히 버티다 열차에 치이면 나만 손해지. 열차가 지나간 다음에 원하면 언제든 다시 철로 위로 올라가면 되잖아."

나는 이 주옥같은 말을 머릿속에 새겨 넣었다.

분별력 있는 투기자라면 위험 신호를 허투루 보지 않는다. 그런데 문제는 대다수 투기자가 심리적인 요인 때문에 시장에서 나와야 할 시점에 용기를 내지 못하고 망설이다 계속 시장에 머물러 있게 된다는 사실이다. 그렇게 망설이는 동안 주가는 계속 자신에게 불리한 방향으로 움직인다. 그 상황을 지켜보면서 대부분은 "다음에 반등하면 바로 청산해야지!"라고 말한다. 그러다 정말로 반등이 일어나면 처음의 다짐은 까맣게 잊어버린다. 시장이 다시 자신에게 유리한 방향으로 흘러간다는 생각이 들기 때문이다. 하지만 일시적인 반등이었고, 이내 기세가 꺾이고 본격적인 하락세가 시작된다. 망설이다 때를 놓치고 그렇게 계속 시장에 남아 있게 된다. 미리 정해둔 매매 원칙 같은 것이 있었다면 그에 따라 행동했을 것이고, 그랬다면 걱정도 덜고 막대한 손실도 막을 수 있었을 것이다.

다시 말하지만, 감정에 휘둘리는 인간의 취약한 본성이야말로 대다수 투자자나 투기자의 가장 큰 적敵이다. 주가가 큰 폭으로 상승했다가 하락하기 시작한 후 다시 오를 수도 있지 않는가? 물론 그렇게 될 가능성은 있다. 그러나 주가 반등을 기대한다고 해서 자신이 원하는 바로 그 시점에 맞춰 가격이 상승할 것이라는 허무맹랑한 기대감은 대체 어디에서 오는 것일까? 바라던 것과 다르게 주가 반등이 일어나지 않을 가능성이 있고, 설사 주가가 상승하더라도 그 망설임 때문에 또 기회를 놓쳐버릴 가능성이 크다.

투기를 사업적 관점에서 바라보는 사람들이 염두에 두었으면 하는, 그리고 기회가 있을 때마다 재차 강조하고 싶은 말이 있다. 우선, 희망 사항은 머릿속에서 지워버려라. 누구든 투기로 매일 혹은 매주 성공할 수는 없다. 최적의 매매 기회는 1년에 단 몇 차례밖에 오지 않으며, 반드시 시장에 들어가야 한다고 생각되는 기회는 많아 봐야 네다섯 차례 정도일 것이다. 그러므로 소소한 움직임에 모두 반응하기보다는 시장에 큰 흐름이 형성되기까지 느긋하게 참고 기다려야 한다.

시장 흐름을 정확히 포착했다면 첫 매매부터 이익이 발생할 것이다. 이때부터는 그야말로 '매의 눈'으로 위험 신호가 나타나는지 잘 주시해야 한다. 그러다 정말로 위험 신호가 포착되면 '장부상 이익'을 실현하고 미련 없이 시장에서 나와야 한다.

이 점을 항상 명심하라. 여러분이 시장에서 나와 관망하고 있을 때 하루라도 매매를 하지 않으면 큰일이라도 나는 듯 열심히 시장을 누비는 투기자가 있다. 고맙게도 이들은 여러분이 다음번 매매에서 큰 이익을 낼 수 있는 판을 열심히 깔아주고 있는 셈이다. 빈번한 매매는 잦은 실수로 이어지고, 기회를 노리는 투기자는 이러한 실수에서 이익을 챙긴다.

투기는 너무도 흥분되는 '게임'이다. 주식 투기에 빠진 사람 대다수가 거래소를 수시로 들락거리거나 전화기를 귀에 붙이고 살다시피 한다. 장 마감 후에는 어떤 모임에 가든 시장 이야기로 꽃을 피운다. 시세 표시기Ticker 혹은 시세 표시판이 머릿속에서 떠나지 않는다. 하지만 이들은 소폭의 주가 등락에 너무 신경을 쓰는 바람에 큰 흐름을 놓치고 만다.

큰 추세가 진행 중인데 자잘한 주가 변동 상황에 신경 쓰느라 전반적 흐름을 오판하는 경우가 대부분이다. 단기적 주가 등락에서 이익을 보는 데만 급급한 투기자는 정말로 큰 이익을 낼 중요한 기회가 왔을 때 이를 활용하지 못하게 된다. 이는 주가 흐름과 그 흐름의 진행 과정을 꼼꼼히 기록하고 분석하고, 여기에 시간 요소까지 고려한다면 어느 정도 극복할 수 있는 부분이다.

오래전에 캘리포니아주 산골에 사는 한 유명한 투기자가 3일이나 지난 시세표를 받아보면서도 매매로 큰 성공을 거뒀다는 이야기를 들은 적이 있다. 이 사람은 1년에 두세 차례 중개소를 방문해 자신의 시장 포지션에 따라 매수 및 매도 주문을 낸다고 한다. 이 중개인의 사무소에서 시간을 보내던 내 친구는 호기심이 발동해 이 사람에 관해 이것저것 조사했다. 조사 과정에서 이 친구는 시장에서 멀리 떨어져 거의 고립된 생활을 하면서, 게다가 1년에 겨우 한두 번 중개소를 방문하면서도 가끔 엄청난 규모로 주문을 낸다는 사실을 알고 깜짝 놀랐다.

마침내 이 투기자를 만날 기회가 왔을 때 친구는 시장에서 그렇게 멀리 떨어져 있으면서 어떻게 시장 추세에 뒤처지지 않을 수 있었는지 물어봤다. 그러자 그 투기자는 이렇게 대답했다.

"음, 나는 사업을 한다는 자세로 매매를 합니다. 내가 분별력을 잃고 사소한 변화에 휘둘렸다면 아마 크게 실패했을 겁니다. 그래서 시장에서 멀찌감치 떨어져 머리를 식히며 생각을 좀 하고 싶었어요. 아시다시피 나는 시장에서 어떤 일이 벌어졌는지, 그리고 그다음에는 어떻게 됐는지를 꼼꼼히 기록합니다. 이 기록이 시장 동향을 좀 더 명확하게 파악하는 데 도움이 되지요. 진짜 시장 흐름이라면 하루 만에 그 흐름이 끝나는 법은 없어요. 진정한 추세가 완성되려면 어느 정도 시간이 걸립니다. 그런데 내가 산속에 있다 보니 유의미한 흐름이 완성되는 데 필요한 시간이 자연스럽게 흘러가 버리는 거죠. 그러다 신문에서 몇몇 종목의 시세를 보고 내 기록표에 옮겨 적는 겁니다. 그런데 가격을 기록하다가 한동안 유지됐던 가격 패턴에서 벗어났다 싶으면 그때 바로 결심을 합니다. 그리고 바로 시내로 나가 행동을 개시합니다."

아주 오래전에 있었던 일이다. 그런데 이 산골 사내는 그 후로도 오랫동안 이 방식으로 주식시장에서 돈을 긁어모았다. 이 사람 이야기에서 어떤 영감이 떠올랐다. 그래서 그동안 내가 수집한 모든 자료에 '시간 요소'를 결부해 보려고 그 어느 때보다 열심히 작업했다. 덕분에 시간 요소가 결합된 아주 효율적인 주가 기록표가 완성됐고, 이 도구가 앞으로의 주가 흐름을 비교적 정확히 예측하는 데 큰 도움이 됐다.

제시 리버모어의 투자 어록

한 종목에 너무 집착하지 마라.

매매로 이익을 실현한 후에는 일단 인내심을 발휘하며 잠시 숨 고르기를 할 시점이다. 단 위험 신호를 무시해서는 안 된다.

비정상적인 주가 흐름이 나타난다면 위험 신호로 간주해야 한다.

위험 신호를 포착했을 때는 시장에서 발을 뺄 용기 그리고 분별력이 필요하다.

감정에 휘둘리는 인간의 취약한 본성이야말로 대다수 투자자나 투기자의 가장 큰 적敵이다.

빈번한 매매는 잦은 실수로 이어지고 기회를 노리는 투기자는 이러한 실수에서 이익을 챙긴다.

단기적 주가 등락에서 이익을 보는 데만 급급한 투기자는 정말로 큰 이익을 낼 중요한 기회가 왔을 때 이를 활용하지 못한다.

1부 제시 리버모어의 주식투자하는 법

선도주를 따르라

주식시장에서 한동안 성공의 맛을 본 다음에는 이전보다 주의력이 떨어지거나, 과도하게 의욕적으로 되기 쉽다. 그러므로 성공에 따른 결과물을 지키려면 건전한 상식과 냉철한 사고가 필요하다. 탄탄한 매매 원칙을 철저히 고수한다면 번 돈을 잃을 일은 없다.

모두 알고 있는 것처럼 주가는 등락을 반복한다. 항상 그래 왔고 앞으로도 그럴 것이다. 내 생각은 이렇다. 중요한 주가 흐름 뒤에는 거스를 수 없는 강력한 힘이 존재한다고 본다. 이 사실만 알면 된다. 주가 흐름을 일으키는 모든 원인을 궁금해할 필요는 없다. 불필요한 사항이 머리를 어지럽힐 위험이 있기 때문이다. 주목할 만한 흐름이 형성됐다는 사실을 인식했으면 투기라는 '배'를 띄워 그 흐름을 잘 타기만 하면 된다. 주어진 시장 상황에 대해 왈가왈부하지 마라. 무엇보다 그 상황과 맞서려 하지 마라.

문어발식으로 매매 종목을 확대하는 일 또한 위험하다는 사실을 기억하라. 한꺼번에 너무 많은 종목에 관심을 두지 말라는 뜻이다. 관심 종목이 너무 많은 것보다 몇몇 종목만 관찰하는 것이 훨씬 수월하다. 몇 년 전, 나는 이 원칙에서 벗어나는 실수를 했고 큰 손실을 봤다.

또 한 가지 실수는 특정 업종 내 한 종목이 주요 추세와 반대로 움직였다는 사실 하나만을 보고 이를 시장 전체의 흐름으로 확대 해석한 것이다. 한 종목만 보고 시장에 들어가기 전에 다른 종목군의 흐름에서도 추세 전환이 분명하다는 판단이 설 때까지 좀 더 참고 기다려야 한다. 추세 전환이 확실하다면 머지않아 다른 종목에서도 같은 흐름을 보일 것이다. 바로 이 신호를 기다려야 한다.

그러나 유감스럽게도 나는 이 신호를 기다리는 대신에 특정 주식의 흐름을 시장의 전반적 추세로 해석하고 서둘러 시장에 진입하고 싶은 강한 충동을 느꼈다. 이러한 충동에 휘둘렸다가는 그 대가를 톡톡히 치를 것이 뻔한 데도 말이다. 결국 이 충동이 정상적 사고와 판단력을 가려버렸다. 물론 첫 번째 업종과 두 번째 업종에 속한 종목의 매매에서는 수익이 발생했다. 그러나 세 번째 업종의 경우 아직 매매를 개시할 시점에 이르지 않았는데 급하게 시장에 들어가는 바람에 벌어 놓은 수익의 상당 부분을 날려버렸다.

1920년대 말 초강세장에서 구리 관련주의 상승세가 끝났다고 생각했다. 그리고 얼마 지나지 않아 자동차 업종의 주가도 천장을 찍었다. 두 업종의 강세장이 끝났다고 생각해 내가 보유한 모든 종목에 대해 매도 포지션을 취해도 되겠다는 '잘못된' 판단을 내리고 말았다. 이 판단 착오 때문에 다시 입에 올리기도 싫을 정도로 엄청난 손실을 봤다. 특정 업종에서의 주가 흐름을 전체 시장의 흐름으로 오인한 것이 패착이었다.

구리와 자동차 관련주 매매로 장부상으로는 큰 이익이 났지만, 이후 유틸리티 업종도 같은 추세를 보일 것이라고 기대하며 6개월을 허비하다가 그동안 벌어 놓은 이익을 다 날리고 손실까지 냈다. 그런데 유틸리티와 기타 업종은 최고점에 도달했다. 그때까지 아나콘다Anaconda(미국 구리광산회사) 주식은 이전 고점보다 50포인트 낮은 가격에 팔리고 있었고, 자동차 관련주도 이와 비슷한 수준에서 거래됐다.

여기서 당부하고 싶은 점은 특정 업종의 주가 흐름이 확연히 감지될 때 행동에 나서야 한다는 것이다. 그러나 다른 업종에서는 특정 업종과 동일한 추세를 보인다는 점이 분명히 드러나기 전까지는 같은 방식으로 접근해서는 안 된다. 서두르지 말고 때를 기다려라. 그러다 보면 특정 업종에서 감지했던 신호가 다른 업종에서도 똑같이 나타날 것이다. 다시 한번 강조하지만, 특정 업종에서 포착한 신호를 당연하다는 듯 전체 시장에 적용해서는 안 된다.

주가 흐름을 분석할 때 관찰 대상은 당일 선도주로 한정해야 한다. 이 선도주에서 이익을 내지 못하면 전체 시장에서도 이익을 내지 못한다.

여성복이나 모자, 장신구 등의 유행이 계속 변하듯이 주식시장도

유행을 따른다. 그래서 새로운 선도주가 어제의 선도주를 밀어내고 그 자리를 차지한다. 수년 전 주요 선도주는 철도, 아메리칸 슈거, 타바코 주식이었다. 그러다 철강주가 새로운 선도주가 되면서 아메리칸 슈거와 타바코는 뒷전으로 밀려났다. 그러다가 자동차 관련주가 시장 선도주로 등장해 현재에 이르렀다. 오늘날 시장을 선도하는 업종은 철강, 자동차, 항공, 통신판매이다. 이들 선도 업종이 전체 시장 흐름을 주도한다. 시간이 지나면 또 새로운 선도주가 등장하고 이전 선도주 가운데 몇몇은 또 저 뒤로 밀려날 것이다. 주식시장이 존재하는 한 이렇게 선도주의 부침은 계속된다.

한꺼번에 너무 많은 업종에 관심을 두는 것은 바람직하지 않다. 공연히 정신만 사납고 일만 복잡해진다. 되도록 소수 업종에 초점을 맞춰라. 그러면 전체 시장을 분석하려 할 때보다 시장 흐름이 훨씬 명확히 눈에 들어온다. 시장을 선도하는 4개 업종에서 두 종목만 골라 주가 흐름을 정확히 분석한다면 나머지 종목은 그다지 신경 쓰지 않아도 된다.

'선도주를 따르라'는 말에 교과서적으로 집착하지 마라. 사고의 유연성을 유지하라. 오늘의 선도주가 2년 후에는 선도주가 아닐 수 있다는 사실을 명심하라. 요즘은 나는 기록표에 4개 업종의 주가를 기록한다. 그렇다고 한꺼번에 4개 업종을 전부 매매한다는 의미는 아니다. 이렇게 하는 진짜 목적은 따로 있다.

아주 오래전에 주가 흐름에 처음으로 관심이 생겼을 때 향후 주가 동향을 정확히 예측하는 내 능력을 시험해보기로 했다. 그래서 항상 가지고 다니던 작은 노트에 가상 매매 상황을 기록하기 시작했다. 어느 정도 시간이 흐른 후 드디어 첫 실전 매매에 나섰다. 나는 이 첫 매매를 절대로 잊지 못할 것이다. 그때 나는 친구와 돈을 합해 '시카고, 벌링턴&퀸시 철도회사Chicago, Burlington & Quincy Railway' 주식을 5주 샀는데 여기서 나온 수익금 중 내 몫은 3.12달러였다. 이때 이후로 나는 투기자의 길로 들어섰다.

요즘 같은 시장 환경이라면 예전 방식대로 대량 매매를 주로 하는 이른바 구식舊式 투기자가 크게 성공하기는 어렵다고 본다. 예전 방식이라는 것은 거래가 활발하고 유동성이 매우 큰 시장 환경이어서 투기자가 5,000주에서 1만 주 정도의 포지션으로 매매해도 주가에 크게 영향을 미치지 않았던 시절의 매매 방식을 말한다.

이런 환경에서는 최초 포지션을 취한 후에 주가 흐름이 예상대로 진행된다면 추가 매매에 나설 수 있다. 예전에는 자신의 판단이 잘못됐을 때 큰 손실을 내지 않고도 포지션을 쉽게 청산할 수 있었다.

그러나 요즘은 다르다. 최초 포지션을 더는 유지할 수 없는 상황에서 포지션을 변경해야 할 때 엄청난 손실이 따른다. 요즘 시장은 거래가 한산하고 유동성도 적은 이른바 불황 시장Narrow market이기 때문이다.

한편, 앞에서 언급한 것처럼 그래도 요즘 시장에서는 적절한 때를 기다릴 줄 아는 인내심과 행동하는 시점을 정확히 포착하는 판단력을 갖추면 큰 이익을 낼 가능성이 더 커진다. 인위적 주가 흐름이 과학적 계산을 소용없게 만드는 일이 너무 잦았던 예전과 달리 요즘 시장은 인위적 움직임이 전체 흐름을 바꾸는 경우가 별로 없기 때문이다.

그러므로 현 시장 상황에서 볼 때 수년 전만 해도 상식으로 통하던 대량 매매는 되도록 피하는 것이 현명하다. 그리고 관심 대상으로 삼을 업종이나 해당 업종 내 종목수는 소수로 한정하라고 권하고 싶다. 시장에 들어가기 전에 참을성 있게 흐름을 관망하는 법도 배워야 한다. 합리적이고 탐구적이며 유능한 투자자나 투기자가 더 안전한 기회를 포착할 수 있는 새로운 시대가 열렸기 때문이다.

제시 리버모어의 투자 어록

주목할 만한 흐름이 형성됐다는 사실을 인식했으면 투기라는 '배'를 띄워 그 흐름을 잘 타기만 하면 된다.

특정 업종 내 한 종목이 주요 추세와 반대로 움직인다는 사실 하나를 시장 전체의 흐름으로 확대 해석하지 마라.

한꺼번에 너무 많은 종목에 관심을 두는 것은 위험하다. 특정 업종의 주가 흐름이 확연히 감지될 때 행동에 나서라.

주가 흐름을 분석할 때 관찰 대상은 당일 선도주로 한정해야 한다. 이 선도주에서 이익을 내지 못하면 전체 시장에서도 이익을 내지 못한다.

되도록 소수 업종에 초점을 맞춰라. 그러면 전체 시장을 분석하려 할 때보다 시장 흐름이 훨씬 명확히 눈에 들어온다.

시장에 들어가기 전에 참을성 있게 흐름을 관망하는 법도 배워야 한다.

내 손 안의 돈,
이익금 일부를 현금화하라

초과 수입을 관리할 때 어느 누구에게도 맡기지 마라. 수천 달러든 수백만 달러든 액수는 중요하지 않다. 다른 누구도 아닌 나 자신의 돈이라는 점을 명심하라. 그 돈은 나 스스로 지켜야 수중에 남는다. 잘못된 투기야말로 그 돈을 잃는 가장 확실한 방법이다.

무능한 투기자가 저지르는 실수는 한두 가지가 아니다. 앞에서 평균 매수 단가를 낮추려고 시도하는 이른바 '손실 평균화'는 피하라고 경고했다. '손실 물타기'라고도 하는 이 방법은 투기업계에서 가장 흔하게 활용하는 기법이다.

예를 들어 주당 50달러에 주식을 매수했는데 2~3일 후에 주가가 47달러로 떨어진다고 하자. 그러면 이 가격에 100주를 더 사서 평균 매수 단가를 48.5달러로 낮추고 싶은 충동에 사로잡히는 사람이 아주 많다. 처음에 주당 50달러에 100주를 샀는데 얼마 지나지 않아 47

달러로 하락하면 주당 3달러의 손실이 생겨 속이 너무 쓰리다. 그 손실이 아깝다고 47달러에 또 100주를 매입했는데 또다시 44달러로 떨어지면 속이 두 배는 더 쓰리지 않겠는가! 주가가 44달러로 하락하면 처음 주당 50달러에 매수한 100주에서 총 600달러(47달러로 떨어졌을 때 -300달러, 그리고 44달러로 떨어졌을 때 또 -300달러), 그리고 47달러에 추가 매수한 100주에서 300달러의 손실이 발생한다.

이처럼 불합리한 매매 방식을 따른다면 주당 44달러에 200주를 추가 매수하고 다시 41달러에 400주, 38달러에 800주, 35달러에 1,600주, 32달러에 3,200주, 29달러에 6,400주를 매수하는 식으로 평균 매수 단가를 계속 낮춰가야 한다. 이 정도의 압박을 견뎌낼 투기자가 과연 몇 명이나 되겠는가? 물론 타당한 원칙이라면 확실히 밀고 나가야 한다. 그러나 이 사례처럼 비정상적인 상황은 그리 자주 발생하지 않는다. 투기꾼은 재앙을 피하기 위해 이러한 비정상적인 흐름에서도 자신을 보호해야 한다. 잔소리로 들릴 수 있겠지만 그래도 '손실 평균화'는 절대로 시도하지 마라.

나도 아는 내용이지만, 중개인이 해준 조언이 하나 있다. 그것은 추가 증거금에 관한 내용이다. 추가 증거금 납입 요청을 받으면 이에 응하지 말고 바로 계좌를 폐쇄하라. 추가 증거금 납입 요청을 받았다는 것 자체가 자신의 시장 판단이 잘못됐다는 신호다. 그런데도 밑 빠진 독에 물 붓듯 추가로 자금을 넣는다고? 안 될 말이다. 차라리 훗날을 기약하며 자금을 비축해 놓는 편이 백번 낫다. 손실이 확실한 거래보다는 승산이 조금이라도 있는 쪽에 걸어라.

실력 있는 상인은 고객 한 명에게 제품 전부를 몰아주기보다는 다수의 고객을 상대하는 쪽을 택한다. 고객 수가 많을수록 위험이 더 넓게 분산되기 때문이다. 이와 마찬가지로 투기 '사업'을 하는 사람도 투자 자본을 한 곳에 전부 걸어서는 안 된다. 상인에게는 상품이 생명줄이듯 투기자에게는 현금이 생명줄이다.

거의 모든 투기자가 저지르는 가장 큰 실수는 단기간에 큰돈을 벌고 싶은 욕망을 다스리지 못한다는 점이다. 500% 수익을 내는 데 2~3년 정도 걸린다고 생각해야 하는데 2~3개월 내에 목표 달성을 하겠다고 덤빈다. 물론 이러한 시도가 성공할 때도 간혹 있다. 그러나 이처럼 무리한 시도를 계속할 수 있을까? 그렇게 할 수는 없다. 그 이유가 무엇일까? 자금을 안정적으로 운용하는 것이 아니기 때문에 돈이 빠르게 수중에 들어왔다가 이내 또 나가버린다. 이러한 상태에 있는 투기자는 대개 균형 감각을 잃어버린다. 이런 사람들의 입에서 자주 나오는 소리가 있다.

"두 달 만에 500%의 이익을 거둘 수 있다면 그다음 두 달 동안에는 대체 얼마나 더 벌 수 있다는 거야? 와, 이러다 금방 부자가 되겠는 걸!"

게다가 이러한 유형의 투기자는 결코 만족할 줄을 모른다. 그래서 운에 맡기듯 무모한 거래를 계속하다가 기어이 실수를 저지른다. 결국 예측하지 못했던 끔찍한 상황이 벌어지고 만다. 중개인이 추가 증거금을 넣으라고 독촉한다. 증거금을 넣을 여력이 없는 투기자는 하루살이처럼 짧게 생명을 불태우고 사라지는 신세가 된다. 이럴 때 투기자는 중개인에게 요청해 조금이나마 시간을 벌 수 있을지도 모른다. 새출발하는 데 필요한 자금을 얼마간 비축해 놓았다면 그나마 운이 좋은 편이다.

사업가는 상점을 열면서 첫해에 25%의 수익을 낼 것이라고 기대하지 않는다. 그러나 투기 영역에 뛰어드는 사람은 25% 수익률쯤 아무렇지 않게 생각한다. 더 나아가 100% 수익을 넘보기까지 한다. 그들은 계산에서 오류를 범하고 있다. 투기를 하나의 사업으로 보고 사업 원칙에 따라 투기에 임해야 하는데 그렇게 하지를 못한다.

여기서 기억해야 할 한 가지 사항이 더 있다. 성공적으로 매매를 마쳤을 때마다 계좌에서 이익금 절반을 인출해 금고에 따로 보관하라. 매매에 성공한 후 자신의 계좌에서 인출한 그 돈이야말로 투기자가 월스트리트에서 실제로 번 유일한 수익이다.

팜비치에서의 일이 기억난다. 나는 당시 상당한 규모의 공매도 포지션을 정리하지 않은 채 뉴욕을 떠났다. 팜비치에 도착하고 며칠이 지나자 주가가 큰 폭으로 하락했다. '장부상 이익'을 '현금'으로 바꿀 절호의 기회였다. 그리고 실제로 이익을 실현했다.

장 마감 후 전신 기사에게 뉴욕 지점의 내 은행 계좌로 100만 달러를 송금하라는 내용의 전보를 보내달라고 전했다. 이 말을 듣고 전신 기사는 깜짝 놀라는 눈치였다. 전보를 발송하고 난 후 그는 그 전보 용지를 가지고 있어도 되겠느냐고 물었다. 그 이유를 물었다. 그랬더니 전신 기사로 일한 지 20년이나 됐는데 고객이 중개인에게 자신의 계좌로 현금을 송금하라는 내용의 전보를 보내는 경우는 이번이 처음이라고 말했다. 그리고 이렇게 말했다.

"중개인이 고객에게 추가 증거금을 납부하라는 내용의 전보는 수도 없이 발송해봤어요. 그런데 손님 같은 분은 처음입니다. 그래서 이 특이한 전보 용지를 사람들에게 한번 보여주고 싶어서요."

대다수 투기자가 자신의 매매 계좌에서 현금을 인출할 수 있는 유일한 시점은 아무런 포지션도 취하지 않을 때 혹은 초과 자산을 보유하고 있을 때뿐이다. 시장이 자신에게 불리한 방향으로 움직일 때는 모든 자본을 증거금으로 충당해야 할지도 모르기 때문에 자금을 인출하지 않는다. 매매를 성공적으로 종결했을 때도 자금을 인출하지 않는다. 이때는 이러한 생각이 들기 때문이다. '다음에는 지금보다 두 배는 더 벌어야지.'

결과적으로 대다수 투기자는 실제 돈을 손에 쥐어보지 못한다. 이렇게 계좌에만 돈이 들어 있기 때문에 투기자에게 이 '돈'은 실체가 없는 무형의 것에 불과하다. 나는 오래전부터 성공적으로 매매를 종료한 다음에는 계좌에서 현금을 인출하는 습관을 들였다. 대개 한 번에 20만 달러에서 30만 달러를 인출했다. 이는 상당히 유용한 방침이었다고 생각한다. 일단 심리적으로 긍정적인 효과가 있다. 그러니 이익이 발생하면 일부를 인출한다는 원칙을 세워라. 그리고 인출한 돈을 직접 세어보라. 나는 그렇게 했다. 돈을 세는 동안 내 손에 돈이 있는 것을 느끼게 된다. 그것은 진짜 돈이다.

증권 계좌나 은행 계좌에 들어 있는 '돈'과 실제로 내 손에 들고 있는 돈은 느낌부터 다르다. 매매로 번 그 돈을 정말로 자신이 소유한다는 느낌이 든다. 장부상으로만 존재했던 돈을 잃었을 때와는 다르게 직접 손으로 만졌던 돈에 대한 느낌 때문에 손실은 더 실감 나게 다가온다. 그래서 전보다 무모한 행동을 조금이나마 덜하게 된다. 그러므로 가끔 계좌에서 이익금을 인출해 자신의 성과를 두 눈으로 직접 확인하라. 매매를 종료하고 다음 매매에 들어가기 전에는 특히 이러한 과정이 필요하다.

그런데 대부분의 투기자는 이런 문제들을 대수롭지 않게 생각한다. 투기자가 운 좋게도 투자 원금을 두 배로 늘렸다면, 그 즉시 이익의 절반은 따로 떼어 예비 자금으로 비축해야 한다. 이 방법이 내게는 유용할 때가 꽤 많았다. 다만 내가 투기자로 활동하는 동안 이 원칙을 흔들림 없이 고수했더라면 하는 아쉬움은 있다. 일을 하다 보면 나도 가끔 원칙을 무시할 때가 있다.

나는 월스트리트 밖에서는 단 1달러도 벌지 못했다. 시장에서 벌어들인 거액을 다른 모험사업에 '투자'했다가 모두 날리기도 했다. 플

로리다 부동산 활황, 유정 개발, 항공기 제조 그리고 새로운 발명품에 기초한 신제품 개발과 마케팅 관련 사업이 내 외도外道의 대상이었다. 그리고 이 사업에서 나는 모두 손해를 봤다.

한 번은 다른 사업 아이템에 푹 빠진 내가 친구에게 5만 달러를 투자하라고 권했던 적이 있다. 그 친구는 내 이야기를 묵묵히 듣고 있다가 말이 끝나자 이렇게 말했다.

"리버모어, 자네는 다른 분야에서는 성공하기 어려울 걸세. 투기에 필요하다면 5만 달러는 내줄 수 있네. 제발 부탁인데 그런 사업에는 손대지 말고 제발 투기 거래를 하게."

다음 날 아침, 놀랍게도 나는 수표가 들어 있는 우편물을 받았다.

여기서 재차 얻을 수 있는 교훈은 투기는 그 자체가 하나의 사업이고, 이러한 관점에서 투기를 바라봐야 한다는 점이다. 흥분이나 아첨, 유혹 같은 감정적 요소에 휘둘러서는 안 된다.

의도한 바는 아니겠지만, 중개인들은 수많은 투기자에게 실패를 안기는 역할을 할 때가 있다는 점을 명심하라. 중개인의 주수입원은 중개 수수료다. 고객이 거래하지 않으면 수수료 수입이 발생하지 않는다. 거래를 많이 할수록 수수료가 늘어난다. 투기자는 거래를 원하고 중개인은 고객이 자주 거래해주기를 바랄 뿐만 아니라, 과도한 거래를 부추기기까지 한다. 정보가 부족한 투기자는 중개인을 친구라고 생각하고 이 '친구'의 의도대로 자신의 능력을 초과하는 오버 트레이딩(초과 거래, 과대 거래)을 하게 된다.

만일 오버 트레이딩이 필요한 시점임을 정확하게 포착할 수 있는 노련한 투기자라면 크게 문제되지 않을 수 있다. 이 정도 능력을 갖춘 사람이면 오버 트레이딩을 할 수 있거나 해야 할 때를 알고 있을 것이다. 그러나 일단 이것이 습관이 돼버리면 오버 트레이딩을 멈출 수 있는 현명한 투기자는 거의 없다. 성공 매매의 핵심인 평정심을 잃게 되고 균형감각을 상실하고 만다. 그러나 이들은 자신이 잘못 판단하는 날이 올 것이라고는 절대 생각하지 않는다. 유감스럽게도 그런 날은 반드시 오기 마련이다. 쉽게 번 돈은 쉽게 사라지고, 또 한 명의 투기자가 파산하게 된다.

다시 한번 강조하지만, 재정적 안정성이 보장되지 않은 상황에서는 절대 거래하지 마라.

제시 리버모어의 투자 어록

초과 수입을 관리할 때 어느 누구에게도 맡기지 마라. 다른 누구도 아닌 자신의 돈이라는 점을 명심하라. 그 돈은 스스로 지켜야 수중에 남는다.

평균 매수 단가를 낮추려는 '손실 평균화'는 절대 시도하지 마라.

추가 증거금 납입 요청을 받으면 이에 응하지 말고 바로 계좌를 폐쇄하라. 추가 증거금 납입 요청을 받았다는 자체가 자신의 시장 판단이 잘못됐다는 신호다.

손실이 확실한 거래보다는 조금이라도 승산이 있는 쪽에 걸어라.

투기 영역에 뛰어드는 사람은 25% 수익률쯤은 아무렇지 않게 여긴다. 더 나아가 100% 수익을 넘보기까지 한다. 이런 사람들은 이들은 투기를 하나의 사업으로 보고 사업 원칙에 따라 투기에 임해야 하는데 그렇게 하지 못하는 사람들이다.

투기자가 운 좋게도 원래 자본을 두 배로 늘렸다면, 그 즉시 이익의 절반은 따로 떼어 예비 자금으로 비축하는 것이 좋다.

대다수 투기자는 실제 돈을 손에 쥐어보지 않는다. 계좌에만 들어 있는 돈은 투기자에게 실체가 없는 무형의 것에 불과하다.
투기는 그 자체가 하나의 사업이고, 이러한 관점에서 투기를 바라봐야 한다.

중개인은 고객이 자주 거래해주기를 바랄 뿐만 아니라 과도한 거래를 부추기기까지 한다. 정보가 부족한 투기자는 중개인을 친구라고 생각하고 이 '친구'의 의도대로 자신의 능력을 초과하는 오버 트레이딩(초과 거래, 과대 거래)을 하게 된다.

재정적 안정성이 보장되지 않은 상황에서는 절대 거래하지 마라.

전환점을 포착하라

내 경험상 시장이 이른바 '전환점'에 도달할 때까지 참고 기다렸다가 거래에 나서면 항상 이익이 났다. 그 이유가 무엇일까?

새로운 흐름이 막 시작된 지점, 즉 심리적 시간에 행동에 나섰기 때문이다. 내가 우려할 만큼 큰 손실을 내지 않았던 이유는 아주 단순하다. 내가 정한 매매 지침에 따라 시장 진입 신호가 포착됐을 때 지체 없이 시장에 들어가 해당 포지션을 최대한 늘렸기 때문이다. 신호에 따라 시장에 들어간 다음에는 그 포지션을 유지한 채 시장 추세를 지켜보면서 이익 실현 신호가 포착될 때까지 기다리면 된다. 조급증을 버리고 느긋하게 기다리면 반드시 그 신호가 나타났다. 지금까지의 경험상 추세 형성 초기에 시장에 들어가지 못하면 그 추세에서 크게 이익을 보지 못했다.

그 이유는 이렇다. 시장 흐름을 끝까지 지켜보고, 그동안 수시로 나타나는 소규모 주가 등락에도 흔들림 없이 포지션을 유지하는 데는 상당한 용기와 인내심이 필요하다. 그러기 위해서는 추세 초기에 최대한 이익을 많이 내야 하는데, 그러지 못하면 조바심이 나서 인내심도 용기도 기대하기 어렵기 때문이다.

참고 기다리면 시장이 다 알아서 내가 들어갈 시점과 나갈 시점을 알려주는 신호를 보내준다. "로마는 하루아침에 이루어지지 않았다." 이 말처럼 진짜 추세라면 하루 혹은 일주일 만에 끝나지 않는다. 특정한 흐름이 정상 궤도에 오르며 진정한 추세를 형성하기까지는 어느 정도 시간이 걸린다. 그리고 최근 48시간 동안의 시장 움직임이 추세 형성에 큰 비중을 차지하며, 이 시점에 시장에 진입하는 것이 매우 중요하다.

예를 하나 들어보겠다. 상당 기간 하락 추세를 이어가다 저점인 40달러에 도달한 종목이 있다고 하자. 그러다 며칠 만에 45달러로 반등했고, 그다음 일주일 동안 소폭으로 등락을 거듭하다 다시 반등하기 시작해 주가가 49.5달러까지 치고 올라갔다. 이후 며칠간 시장이 한산해지며 거래가 뜸해졌다. 그러다 다시 거래가 활발해지면서 주가가 3~4포인트 하락했는데, 이후 하락세가 이어지면서 전환점으로 보이는 40달러 근처까지 떨어졌다. 이쯤 되면 시장 동향을 예의 주시해야 한다.

본격적으로 하락 추세에 접어든 것이 확실하다면 주가 반등이 일어나기 전에 전환점인 40달러에서 3포인트 이상 더 하락해야 하기 때문이다. 40달러선에서 하향 돌파가 일어나지 않는다면 이는 분명한 매수 신호이므로 이전 조정 국면에 형성된 저점에서 3포인트 반등하면 곧바로 매수에 나서야 한다. 또 40달러선이 하향 돌파됐어도 하락폭이 3포인트 미만이면 43달러까지 오르는 것을 보고 바로 매수해야 한다.

이처럼 저점 돌파가 일어나지 않거나 저점을 돌파했어도 하락폭이 크지 않다면 대개 새로운 추세 형성의 징후일 수 있다. 그리고 이 추세가 확정되는 방향으로 시장 흐름이 전개된다면 주가 상승세가 이어지면서 전환점인 49.5달러까지 혹은 그 이상으로 치고 올라갈 수 있다.

개인적으로 나는 시장 추세를 정의할 때 '강세장Bullish' 혹은 '약세장Bearish'이라는 표현을 쓰지 않는다. '강세'니 '약세'니 하는 말을 들으면 그 흐름이 상당 기간 유지될 것이라고 생각하는 사람이 많기 때문이다. 그러나 이런 견고한 '추세'는 그렇게 자주 나타나지 않는다. 기껏해야 4~5년에 한 번 정도 형성된다. 강세장이나 약세장까지는 아니더라도 그 사이사이에 비교적 단기간 유지되는 '추세'가 분명히 존재한다. 그래서 나는 일정 기간 계속되는 뚜렷한 시장 흐름을 '상승 추세Upward trend' 혹은 '하락 추세Downward trend'라고 표현한다.

이렇게 하면 특정 시점의 시장 상황을 좀 더 융통성 있게 들여다볼 수 있기 때문이다. 상승 추세를 형성할 것이라는 생각에 주식을 샀는데 몇 주 지나고 나니 시장이 하락세로 돌아섰다고 하자. 이렇게 되면 '강세장' 혹은 '약세장' 국면이라는 전제를 깔고 행동했을 때보다 추세 전환을 받아들이기가 훨씬 수월하다.

가격과 시간 요소를 결합해 주가를 기록하는, 이른바 '리버모어 기법'은 내가 시장 동향 예측 도구로 활용하게 된 기본 지침을 30년 넘게 연구해온 결과물이다.

처음 작성한 기록표는 별로 도움이 되지 않았다. 몇 주일 후에 새로운 생각이 떠올라 방식을 조금 바꿔봤으나 이전 것을 약간 보완하는 정도에 그쳤을 뿐 내가 원했던 정보원 수준에는 한참 못 미쳤다. 이후에도 새로운 생각이 떠오를 때마다 기록 방식을 계속 바꿨다. 이 작업을 수도 없이 반복하는 동안 전에는 생각지 못했던 새로운 방법이 계속해서 떠오르면서 내 기록 방식도 어느덧 체계가 잡히기 시작했다. 여기서 만족하지 않고 주가 동향에 시간 요소를 접목하기 시작했다. 그 결과, 드디어 이 기록표에서 내가 원하는 정보를 얻을 수 있게 됐다.

그 이후로 각각의 기록을 다른 방식으로 통합·정리하면서 전환점을 알아낼 수 있었고, 이를 활용해 거래에서 이익을 올리는 방법을 터득했다. 이후로도 계속 손을 보며 기록하는 법과 계산 체계를 가다듬었다. 이제 이 도구는 누구든 마음만 먹는다면 얼마든지 유용하게 사용할 수 있는 형태로 자리 잡았다.

투기자가 특정 주식의 전환점을 포착하고 그 지점에서의 주가 동향을 파악하는 일이 가능하다면 자신의 판단을 믿고 처음부터 자신 있게 거래에 나설 수 있다.

나는 오래전부터 단순한 형태의 '전환점 매매'를 이용해 이익을 내기 시작했다. 주식이 50달러, 100달러, 200달러 심지어 300달러선에 거래될 때 이러한 가격선이 돌파된 다음에 급격한 주가 변동이 일어나는 상황을 심심치 않게 지켜봤다.

이러한 전환점을 이용해 실전 매매에서 이익을 얻기 위해 처음으로 시도했던 종목이 지금은 사라져 버린 아나콘다 주식이었다. 당시 아나콘다 주식이 100달러에 거래되었을 때 곧바로 4,000주의 매수 주문을 냈다. 그런데 주문을 내고 몇 분이 지나 주가가 105달러로 오른 다음에야 주문이 체결됐다. 이날 아나콘다는 10포인트 넘게 상승한 가격에 거래됐고, 다음 날은 더 큰 폭으로 상승했다. 7~8포인트 정도에서 소폭 조정이 몇 차례 일어난 것 외에는 상승세를 이어나가며 주가는 단숨에 150달러를 넘어섰다. 이 과정에서 전환점인 100달러선이 위협받은 적이 한 번도 없었다.

이때 이후로 전환점이 포착된 지점에서 시장에 들어가 크게 이익을 낼 기회를 놓친 적이 거의 없다. 아나콘다 주식이 200달러에 팔릴 때도 전환점 매매로 성공을 거뒀고, 300달러에 팔릴 때도 같은 방식을 취했다. 그런데 이번에는 좀 애매했다. 매매가가 겨우 302.75달러였다. 명백한 위험 신호였다. 그래서 8,000주를 팔아치웠다. 5,000주는 300달러에, 그리고 1,500주는 299.75달러에 매도한 것이 그나마 다행이라면 다행이었다. 아나콘다 주식 6,500주를 처분하는 데는 채 2분이 걸리지 않았다. 그러나 나머지 1,500주를 처분하는 데 25분이 넘게 걸렸고, 이마저도 100주, 200주 단위로 묶어 종가인 298.75달러에 겨우 매도할 수 있었다. 주가가 300달러 밑으로 떨어지면 급속한 하락세가 진행될 것이라는 확신이 들었다.

다음 날 오전 장세는 매우 흥미롭게 전개됐다. 런던 시장에서는 하락 중이었고 뉴욕 시장에서는 이보다 더 낮은 가격으로 출발했으며, 며칠 후에는 급기야 225달러까지 하락했다.

전환점을 이용해 시장 동향을 예측하려 할 때 반드시 명심해야 할 사항이 있다. 전환점 돌파 후 애초 예측과 다른 흐름이 나타난다면 이를 위험 신호로 보고 경계수위를 높여야 한다.

이 예에서 보듯이 아나콘다가 300달러를 넘어섰을 때는 100달러와 200달러를 넘어섰을 때와는 완전히 다른 흐름이 나타났다. 이전에는 전환점 돌파 이후 적어도 10포인트에서 15포인트 정도 급등했다. 그런데 이번에는 매물 품귀 현상은커녕 시장에 아나콘다 주식이 충분히 공급되면서 주가 상승세를 이어갈 수 없었다. 따라서 300달러를 돌파한 이후의 주가 행보는 명백한 위험 신호로 해석해야 했다. 이 사례는 전환점 돌파 이후 일반적으로 전개되는 흐름이 이번에는 일어나지 않았음을 분명히 보여줬다.

또 한 가지 기억나는 사례가 있다. 3주일을 꾹 참고 기다렸다가 베슬리헴철강회사Bethlehem Steel를 매수하기 시작했다. 베슬리헴철강회사는 1915년 4월 7일에 사상 최고가인 87.75달러를 기록했다. 전환점을 빠른 속도로 돌파하는 모양새를 보고 머지않아 100달러 돌파는 무난할 것이라고 확신했다. 그래서 4월 8일에 첫 주문을 냈고, 주당 99달러부터 시작해 최고 99.75달러까지 베슬리헴철강회사 주식을 부지런히 사들였다. 이날 베슬리헴은 117달러까지 상승했다. 중간에 몇 차례 정상적 조정이 이뤄진 경우를 제외하고 이런 상승 추세가 꺾이지 않은 채 고공 행진을 펼치더니 첫 매수 후 5일이 지난 4월 13일에는 무려 155달러까지 치솟았다.

인내심을 가지고 전환점을 활용할 때를 기다린 사람에게 큰 보상이 따른다는 점을 여실히 보여준 사례이다.

나는 베슬리헴철강회사 주식과의 인연을 계속 이어나갔다. 200달러, 300달러, 심지어 현기증이 날 정도의 고점인 400달러에서도 같은 작전을 구사했다. 약세장에서 주가가 전환점을 하향 돌파할 때 어떤 일이 벌어지는지 어느 정도 예측했기 때문이다. 돌파 이후의 주가 흐름을 끝까지 주시해야 한다는 사실을 배웠다. 전환점 돌파 이후 동력이 약해지면 방향을 바꿔 기존 포지션을 청산하는 일 또한 그리 어렵지 않았다. 생각난 김에 하는 말인데 내가 전환점을 기다리지 못하고 조급함을 드러낼 때마다 크게 손실을 봤다.

그 이후로는 고가주에 대해 다양한 형태의 주식 분할이 이뤄졌고,

그 결과 앞의 사례와 같은 기회는 그리 자주 생기지 않았다. 그렇더라도 전환점을 확인할 방법은 또 있다. 예를 들어 최근 2~3년 내에 신규 상장한 종목이 있는데, 최고가는 20달러 정도이며 이는 2~3년 전에 기록한 가격이었다고 하자. 해당 기업에 호재가 발생해 주가가 상승하기 시작한다면 신고가를 경신한 직후야말로 안전하게 매수할 최적의 시점이다.

어떤 주식의 매수가가 50달러, 60달러 혹은 70달러였다가 다시 20달러 정도 하락하며 1~2년 동안 고가와 저가 사이에서 등락을 반복한다고 가정해보자. 그다음에 이전 저가보다 낮은 가격에 거래된다면 앞으로 엄청난 하락세가 나타날 가능성이 크다. 그 이유는 이 기업에 악재가 발생했음이 틀림없기 때문이다.

주가를 꼼꼼하게 기록하면서 '시간 요소'까지 고려한다면 전환점을 포착할 수 있고, 이 지점에서 신속한 대응이 가능해진다. 그러나 전환점에서 매매하는 법을 배우려면 인내심이 필요하다. 시간과 노력을 들여 주가 기록표를 꼼꼼히 분석해야 하고, 주가를 기록할 때는 자신이 직접 해야 한다. 또 전환점에 도달할 법한 가격 수준도 미리 표시해 놓아야 한다.

그동안 전환점 연구는 기대 이상의 성과를 보여줬으며, 이는 개인이 할 수 있는 사적私的 조사 영역의 최고봉이라고 할 수 있다. 오롯이 자신의 판단에 기초해 매매에 성공했을 때는 무엇과도 견줄 수 없는 큰 만족감과 기쁨이 따른다. 이 방식으로 매매에 성공했을 때는 다른 사람의 매매 기법이나 조언에 의지해 이익을 냈을 때와는 비교 자체가 불가할 정도로 보람이 매우 크다. 스스로 발견하고, 자신의 방식으로 거래하고, 인내심을 가지고 위험 신호를 주시한다면 적절하게 사고하는 방법을 개발할 수 있다. 이 책의 후반부에서는 주식 거래 원칙과 더불어 전환점 포착 방법을 좀 더 상세히 설명할 것이다.

다른 사람의 조언이나 우연히 주워들은 정보를 바탕으로 거래하는 사람들 중에서 큰돈을 버는 경우는 거의 없다. 다들 이러한 정보에 목말라하지만, 정보를 손에 넣어도 제대로 활용할 줄을 모른다.

어느 날 저녁 파티에서 한 여성이 내게 시장 정보 하나만 알려달라고 끈질기게 졸라댔다. 너무 성가셨으나 못 이기는 척하고 마침 그날 전환점을 돌파한 세로데파스코$^{Cerro\ de\ Pasco}$(광산회사)의 주식을 매수하라고 알려줬다.

이 종목은 다음 날 아침부터 상승 출발하더니 소폭 조정을 거친 후 일주일 동안 주가가 15달러나 상승했다. 그다음부터 주가 흐름에서 위험 신호가 포착됐다. 그때 내게 종목을 추천해달라던 그 여성이 생각났다. 그래서 아내에게 빨리 그녀에게 전화해 주식을 전부 처분하라는 말을 전하라고 했다. 그런데 맙소사! 그 여성은 그때까지 세로데파스코를 단 한 주도 사지 않았다. 내 정보가 맞는지 궁금해서 종목을 추천해달라고 했을 뿐이라는 말에 정말 어이가 없었다. 시장 정보를 이렇게 가지고 놀다니!

상품선물시장에서는 투기자가 혹할 만한 전환점이 자주 포착되는 편이다. 코코아는 뉴욕코코아거래소New York Cocoa Exchange에서 거래된다. 코코아는 대개 투기자를 끌어들일 만한 매력적인 가격 추세가 나타나지 않는다. 그럼에도 투기하는 사람들은 큰돈을 벌 기회가 나타나기를 기다리며 모든 시장에서 눈을 떼지 않았다.

1934년 한 해 동안 코코아 12월물 옵션은 2월에 6.23달러로 고가를 기록했고, 10월에 4.28달러로 저가를 기록했다. 1935년에는 2월에 5.74달러로 고가를, 그리고 6월에 4.54달러로 저가를 기록했다. 1936년 3월에는 5.13달러로 저가를 기록했다. 그러나 1936년 8월에 몇 가지 이유로 코코아시장에 큰 변화가 생겼다. 일단은 거래가 매우 활발했다. 8월의 매도가는 6.88달러였는데 이는 지난 2년간의 최고가를 훨씬 넘어서는 수준이었고, 최근 두 차례의 전환점을 웃도는 수준이었다.

9월에는 7.51달러였고, 10월에는 8.70달러, 11월은 10.80달러, 12월은 11.40달러였다. 1937년 1월에는 12.86달러로 최고가를 경신했다. 소폭 조정이 수차례 이어진 것을 제외하고 5개월 동안 무려 600포인트(6달러)나 상승하는 놀라운 기록이었다.

코코아선물 가격은 해마다 일반적인 수준의 가격 변동만 나타났을 뿐이었다. 하지만 이처럼 급격한 가격 상승에는 그만한 이유가 분명히 있었는데, 심각한 수준의 코코아 공급 부족이 그 이유였다. 따라서 시장에서 눈을 떼지 않고 전환점을 포착하려 했던 사람들은 코코아 선물시장에서 엄청난 이익을 거둘 기회를 발견할 수 있었다.

이제 자신의 기록표에 가격을 적고 그 가격 패턴에서 의미 있는 흐름을 찾아내야 할 시점이다. 그러다 보면 자신이 그리는 그림이 특정한 형태를 갖춰가고 있다는 사실을 문득 깨닫게 될 것이다. 즉 이 가격 흐름이 특정한 시장 상황을 열심히 형성해나가고 있음을 보게 될 것이다. 그러므로 기록표를 다시 되짚어보면서 과거 이와 비슷한 상황에서 시장 흐름이 어떻게 전개됐는지를 살펴봐야 한다. 이를 바탕으로 세심한 분석과 냉철한 판단력을 통해 시장에 대한 자신만의 의견을 도출할 수 있다. 가격 패턴을 보면 중요한 주가 흐름이 과거와 비슷한 수준으로 계속 반복된다는 사실을 알 수 있다. 따라서 과거 주가 동향에 익숙해지면 앞으로의 동향을 어느 정도 예측해 고수익을 올리는 일이 가능하다.

이 시점에서 나는 이 기록표가 내게는 꽤 유용한 도구였으나 결코 완벽하다고 생각하지 않는다는 점을 강조하고 싶다. 그렇더라도 이러한 유형의 기록표는 향후 시장 흐름을 예측하는 도구로써 매우 유용하다고 생각한다. 따라서 누구든 기록표 작성법을 배워 직접 주가를 기록하고 활용한다면 성공 매매의 가능성이 커질 것이다.

다시 말하는데 앞으로 누구든 나의 방식대로 주가를 기록해 매매에 활용한다면 분명히 나보다 더 큰 이익을 얻을 수 있을 것이라고 확신한다. 새롭게 이 방법론을 적용하기 시작한 사람은 내 기록표를 꼼꼼히 분석해서 당시에 내가 놓쳤던 중요한 사항을 더 쉽게 발견할 수도 있기 때문이다. 그리고 나는 지금까지 사용했던 도구만으로도 개인적인 목적을 달성하기에 충분했기 때문에 다른 중요한 시장 신호를 더 찾아내려 애쓰지는 않았다는 점을 밝혀두고자 한다. 그러나 앞으로 누군가는 내 방법을 기준점 삼아 더 발전된 형태의 기법을 개발해 각자의 목적에 맞게 잘 활용할 수 있을 것이라고 생각한다. 나보다 더 큰 성공을 거두는 사람이 나온다 해도 절대로 질투하지 않을 테니 안심하기 바란다!

제시 리버모어의 투자 어록

시장이 이른바 '전환점'에 도달할 때까지 참고 기다렸다가 거래에 나서면 이익을 거둘 수 있다.

진짜 추세라면 하루 혹은 일주일 만에 끝나지 않는다.

저점 돌파가 일어나지 않거나 저점을 돌파했어도 하락폭이 크지 않다면 대개 새로운 추세 형성의 징후일 수 있다.

참고 기다리면 시장이 들어갈 시점과 나갈 시점을 알려주는 신호를 보낸다.

특정 주식의 전환점을 포착하고 그 지점에서의 주가 동향을 파악하는 일이 가능하다면 자신의 판단을 믿고 처음부터 자신 있게 거래에 나설 수 있다.

다른 사람의 조언이나 우연히 주워들은 정보를 바탕으로 거래하는 사람들 중에서 큰돈을 버는 경우는 거의 없다.

가격 패턴을 보면 중요한 주가 흐름이 과거와 비슷한 수준으로 계속 반복된다는 것을 알 수 있다. 이는 향후 시장 흐름을 예측하는 도구로써 유용하다.

100만 달러의 실수

　이번에는 일반적 매매 원칙 몇 가지를 설명하고자 한다. 가격과 시간 요소를 결합한 내 매매 공식에 관해서는 뒷부분에서 좀 더 상세히 설명할 것이다. 먼저 일반적 매매 원칙과 관련해서 한 가지 짚고 넘어가야 할 사항이 있다. 그것은 충동적으로 매매하는 사람이 너무 많다는 사실이다. 시장 상황을 보면서 단계적으로 들어가지 않고 거의 같은 가격대에서 단번에 자신이 보유할 수 있는 최대 물량을 확보하려고 한다. 이는 잘못된 방식이며 매우 위험하다.

　예를 들어 500주의 주식을 매수하고 싶다고 하자. 그러면 우선은 100주만 매수하라. 그러다 주가가 상승하면 그때 가서 다시 100주를 매수하는 것이 좋다. 추가 매수할 때는 이전 매수가격보다 높은 가격이어야 한다.

　공매도에도 동일한 원칙을 적용해야 한다. 이전 매도가격보다 낮은 가격이 아니라면 추가 매도를 하지 마라. 이 원칙을 지키면 내가 알고 있는 다른 어떤 원칙보다 더 정확하게 시장 흐름을 탈 수 있다. 이러한 원칙에 따라 매매하면 이익이 날 가능성이 크다. 매매에서 이익이 났다는 사실 자체가 시장 흐름에 대한 자신의 판단이 옳았음을 보여주는 증거다.

나의 매매 원칙을 따르고 싶다면 우선 관심 종목에 대한 모든 사항을 평가하라. 그다음으로는 시장 진입 시점(가격)을 정하는 일이 중요하다. 그리고 주가 기록표를 살펴보면서 몇 주 동안의 주가 흐름을 면밀히 관찰하라. 본격적으로 추세가 형성될 시점을 미리 정해두고, 관심 종목의 주가가 이 지점에 도달할 때 시장에 진입한다.

일단 거래를 시작했는데 시장이 예측과 다르게 흘러갈 수 있다. 이때를 대비해 어느 수준까지 손실을 감수할지 미리 정해 놓아야 한다. 이 원칙에 따라 거래에 나서면 한두 번 정도는 손실이 날지 모른다. 그러나 전환점에 도달할 때마다 어김없이 시장에 재진입할 수만 있다면 진짜 추세가 형성될 때 이 기회를 놓칠 일은 없다. 그 기회를 놓치려야 놓칠 수 없는 위치에 있게 된다는 의미다. 그러나 시점을 제대로 포착하는 것이 매우 중요하며, 인내심을 잃었을 때는 그 대가를 톡톡히 치러야 한다.

조바심 때문에 매매 시점을 잘못 선택하는 바람에 100만 달러를 날려버린 이야기를 해야 할 듯하다. 그 이야기를 꺼내자니 낯부끄러

워 얼굴을 들지 못할 지경이지만 말이다.

수년 전의 일이었다. 면화선물시장이 강세를 보일 것이라는 생각이 들었다. 앞으로 면화 가격이 큰 폭으로 상승할 것이라고 확신했다. 시장에서는 흔한 일이기는 한데, 시장 자체가 아직 움직일 기미를 보이지 않았다. 그런데도 시장 상승에 대한 내 판단을 믿고 바로 시장에 들어갔다.

우선 면화 2만 베일(면화를 세는 단위, '꾸러미'라는 뜻-역주)을 시장가로 매수했다. 당시 면화선물시장은 거래가 활발하지 않았기 때문에 이 주문으로 면화 가격이 15포인트나 상승했다. 그래서 추가로 100베일을 매수했는데 24시간도 못 가 시장이 하락세로 돌아섰고, 결국 최초 매수가 수준으로 가격이 떨어졌다. 이후 가격 변동이 전혀 없는 상태가 며칠간 이어졌다. 참다못한 나는 결국 면화선물을 전부 처분했고, 수수료를 포함해 3만 달러가량 손실이 났다. 추가 매수했던 100베일은 가격 조정을 받을 때 형성된 최저가에 매도했다.

그런데 며칠 후 시장 흐름이 달라지는 것처럼 보였다. 나는 이 상황 변화에 자꾸 눈길이 갔고 면화선물 가격에 큰 변동이 있을 것이라는 애초의 믿음을 바꾸고 싶지 않았다. 그래서 결국 면화 2만 베일을 다시 매수했다. 그런데 이번에도 똑같은 상황이 벌어졌다. 내 매수 주문으로 시장이 상승하는 듯하더니 이후 면화 가격이 다시 큰 폭으로 하락했다.

조급증이 문제였다. 꼼짝하지 않는 시장에 부아가 치밀어 보유 물량을 또 처분했다. 이번에도 역시 최종 물량은 최저가에 매도했다.

6주일 동안 이 작업을 다섯 차례나 반복했고 그때마다 평균 2만 5,000달러에서 3만 달러의 손실이 났다. 이런 나 자신에게 넌더리가 날 지경이었다. 만족감은커녕 당혹감만 남긴 채 아까운 돈 20만 달러만 날렸다. 부아가 있는 대로 치민 나는 사무장에게 다음 날 내가 출근하기 전까지 사무실에 있는 면화 시세 표시기를 치워 놓으라고 지시했다. 미련이 생겨 면화시장에 또 기웃거리기 싫었기 때문이다. 면화 장세를 지켜보는 것만으로도 울컥하는 기분이 들어 감정이 격해졌다. 이러한 감정은 투기 매매에 필수적인 냉철한 사고를 하는데 아무런 도움이 안 된다.

그다음에는 어떤 일이 벌어졌을까? 사무실에 있던 시세 표시기도 치웠고 면화에 대한 모든 관심도 끊어버렸는데 이틀 후부터 면화 선물 가격이 상승하기 시작했다. 그리고 상승세가 계속되더니 결국 500포인트나 상승했다. 상승폭이 그렇게 컸는데도 반락 조정은 단 한 차례밖에 없었고 이때도 40포인트의 조정만 받았을 뿐이었다. 결과적으로 나는 가장 매력적이고 가장 확실하다고 판단했던 매매에서 실패하고 말았다. 이렇게 된 근본적인 이유는 두 가지였다.

첫째, 인내심이 부족해 심리적 시간에 도달할 때까지 기다리지 못했다. 면화선물 가격이 파운드당 12.50센트까지 상승한다면 앞으로 가격이 더 큰 폭으로 상승할 것이라고 판단했다. 그러나 당시 나는 의지력이 부족해 참고 기다리지 못했다. 매수 시점에 도달하기 전에 소규모 차익이나마 빨리 실현해야 한다고 생각했고, 시장 상황이 무르익기도 전에 행동에 나서고 말았다. 때문에 나는 20만 달러를 잃었을 뿐만 아니라, 100만 달러의 이익을 낼 기회마저 날려버리고 말았다. 애초 계획은 전환점이 돌파된 후 최대 10만 베일까지 매수할 생각이었기 때문이다. 이 계획대로 실행했다면 단위당 200포인트 이상의 이익을 날려버릴 일도 없었을 것이다.

둘째, 판단을 잘못했다는 과오 때문에 면화선물시장을 볼 때마다 화가 치밀고 넌더리가 날 정도로 감정 통제가 안 되는 상황은 투기하는 사람에게는 전혀 바람직하지 않다. 내가 손실을 낸 이유는 미리 세운 매매 계획과 시황 판단에 걸맞은 흐름이 나타날 때까지 기다리지 못한 조급함 때문이었다.

오래전에 시장에서 배운 교훈이 하나 있다. "판단이 잘못됐을 때 구구절절 변명하지 마라." 나뿐만 아니라 모든 시장 참여자가 염두에 둬야 할 원칙이다. 잘못을 인정하고 그러한 사실에서 교훈을 얻으려 노력하라. 판단이 잘못되면 그 사실을 스스로 알게 된다. 투자자의 판단이 틀리면 시장이 그 사실을 알려준다. 즉 판단이 잘못되면 손실이 난다. 판단이 잘못됐다는 실수를 깨달았으면 미련을 두지 말고 바로 시장에서 나와야 한다. 이미 발생한 손실 때문에 속 쓰려 하지 말고 담담하게 주가 기록표를 살펴보면서 실수의 원인을 찾아보고 다음 기회를 노려라.

그런데 시장이 알려주기도 전에 자신의 실수를 깨닫게 되는 묘한 감각이 발달하기도 한다. 시장 성과에 대한 과거 정보를 바탕으로 한 잠재의식의 경고 신호쯤으로 이해하면 될 듯하다. 이러한 감각이 매매에서 선행지표 역할을 하기도 한다. 이 부분을 좀 더 자세히 설명하도록 하겠다.

1920년대 후반 주식시장은 초강세장이었고, 그 당시 나는 다양한 종목을 대량 매수해 상당 기간 보유하고 있었다. 이 기간 동안 이따금 정상적 조정이 있었고 별로 불안감을 느끼지 않았다.

그러나 장 마감 후 갑자기 안절부절못하는 때가 있었다. 이런 날이면 밤잠을 제대로 이루지 못했다. 무언가 내 의식 속을 비집고 들어오면서 갑자기 잠에서 깨어났고, 이내 시장 생각이 머리를 짓눌렀다. 다음 날 아침에는 조간신문을 펼쳐보기도 두려웠다. 무언가 불길한 일이 벌어질 것만 같았다. 불안함이 엄습했지만, 현실은 여전히 장밋빛이었다. 시장은 오히려 상승 출발하며 완벽한 움직임을 보였다. 그것은 아마 시장 움직임의 정점이었을 것이다. 상황이 이쯤 되면 전날 잠 못 이루고 뒤척인 나 자신이 우습게 느껴지지만, 그동안의 경험상 이는 결코 웃어넘길 일이 아니다.

다음 날이면 상황이 완전히 달라질 수도 있기 때문이다. 핵폭탄급 악재는 없더라도 한동안 계속되던 추세가 갑자기 전환되기도 한다.

이렇게 되면 진짜 불안감에 휩싸인다. 상당한 규모의 포지션을 신속하게 청산해야 하기 때문이다. 불과 하루 전만 해도 최고가에서 2포인트 이내의 범위에서 물량을 정리할 수 있었을 것이다. 하지만 오늘은 상황이 완전히 달라졌다.

시장이 온통 장밋빛으로 보일 때 이상하게 마음이 불안해지는 경험을 다들 해봤을 것이다. 이는 오랜 기간 시장에 대한 연구와 경험에서 만들어진 신기한 현상 가운데 하나다.

솔직히 나는 이처럼 밑도 끝도 없는 내적 기분에 휘둘리기보다는 과학적인 자료와 공식을 적용하는 쪽을 선호한다. 그러나 잔잔한 바다 위를 항해하듯 아무런 문제가 없어 보이는 데도 이상하게 불안감이 엄습해 올 때가 있었다. 이 묘한 느낌을 외면하지 않았을 때 실제로 나는 큰 도움을 받았던 적이 있다.

투기자로서 이 기이한 느낌에 특히 관심이 가는 이유는 시장 흐름에 민감한 사람, 즉 과학적으로 주가 패턴을 찾아내고 이를 통해 주가 동향을 파악하려는 사람에게 이러한 위험을 미리 감지하는 능력이 더 크게 발휘되기 때문이다. 다른 대다수 투기자는 귀동냥한 간접 정보나 언론에서 발표한 소식을 근거로 상승장인지 하락장인지에 대한 감을 잡는다.

수백만에 달하는 많고 많은 투기자 중에 정작 투기 거래에 전념하는 사람은 극소수라는 점을 명심하라. 대다수는 투기를 그저 요행수를 바라고 덤벼도 되는 가벼운 게임 정도로 생각할 뿐이고, 이러한 태도에는 엄청난 대가가 따른다. 노련한 사업가나 전문가 혹은 현역에서 은퇴한 사람 중에도 투기를 부업쯤으로 여기며 온 힘을 다하지 않는 사람이 꽤 있다. 이들은 대개 중개인이나 중개소 고객 담당자가 좋은 정보가 있다며 속닥일 때만 거래에 나선다.

때로는 대기업 핵심 부서에 근무하는 친구에게서 고급 정보를 듣고 주식 매매를 시작하기도 한다. 다음과 같은 가상 사례를 생각해보자. 그레이트 셰이크스 코퍼레이션에 다니는 친구와 점심이나 저녁식사를 같이한다고 해보자. 한동안은 기업 환경 전반에 관해 이런저런 이야기를 나눈다. 그러다가 회사는 요즘 어떠냐고 묻는다. 그러자 실적도 좋고 잘 나가고 있다는 대답이 돌아온다. 이제 막 상승세를 탄 시점이어서 앞으로 전망이 아주 밝다는 말까지 덧붙인다. 그렇다. 이 친구 말대로라면 상당히 구미가 당기는 종목이다. 친구는 아주 진지하게 말을 이어간다.

"솔직히 말해서 지금이 최적의 매수 시점이지. 그렇고말고. 순이익이 엄청날 거야. 과거 그 어느 때보다 높은 수준일걸? 지난번 호황기에 우리 회사 주식이 얼마에 거래됐었는지 자네도 기억하지?"

친구의 말에 한껏 들떠 이것저것 생각할 겨를 없이 서둘러 그 주식을 산다. 분기별 재무상태표를 보니 직전 분기보다 언제나 실적이 더 나아지는 모습이 포착된다. 추가 배당금을 지급하겠다는 발표도 있다. 주가는 계속 상승 중이다. 그렇게 주식투자로 큰돈을 버는 꿈에 젖는다. 그러나 갑자기 이 회사의 영업 실적이 급격히 떨어지기 시작한다. 그런데도 정작 자신은 이 사실을 모른다. 이러한 내부 사정은 정확히 모르고 주가가 폭락했다는 사실만 안다고 하자. 그러면 그 친구에게 급히 전화를 걸어 어떻게 된 상황인지 묻는다.

친구는 이렇게 답변한다.

"음, 그래. 주가가 좀 떨어지기는 했어. 영업 실적이 약간 떨어졌지만, 그냥 일시적인 현상일 뿐이야. 공매도 세력이 붙은 것 같아. 이번에 주가 하락을 주도한 세력이 바로 공매도 세력이야."

이 친구는 주가가 폭락한 진짜 이유는 말하지 않은 채 상투적인 핑계를 늘어놓을 것이다. 십중팔구 이 친구를 비롯한 그 회사 사람들도 해당 주식을 다량 보유 중일 것이다. 때문에 자사의 실적 저조 징후가 포착되자마자 보유 물량을 최대한 많이, 그리고 한시라도 빨리 처분하느라 정신이 없을 것이다. 상황을 묻는 친구에게 내막을 알려줄 리가 없다. 그렇게 하면 주식 매도 대열에 경쟁자를 한 명 더 끌어들이는 셈이고, 결국 매도 경쟁은 한층 더 격해질 것이기 때문이다. 여기서 진실을 숨기는 행위 자체가 자기 보존을 위한 생존 게임처럼 돼 버린다.

내부자인 친구가 자사 주식의 매수 시점은 쉽게 알려줘도 매도 시점은 잘 알려주지 않는 이유가 바로 여기에 있다. '지금 팔아!'라는 말은 하지도 않고, 또 해줄 수도 없다. 이는 회사와 동료를 배신하는 행위와 다름없기 때문이다.

나는 여러분에게 작은 노트를 항상 가지고 다니라고 권하고 싶다. 그리고 관심을 둘 만한 시장 정보가 있을 때마다 노트에 적어라. 앞으로의 매매에 도움이 될 만한 생각이나 의견, 수시로 곱씹을 만한 아이디어, 가격 동향에 관한 개인적 관찰 사항 등을 기록하라. 맨 앞장에는 이런 글귀를 써넣으면 좋겠다. 눈에 잘 띄게 또박또박 적어놓으면 더 좋다.

"내부 정보를 경계하라. 내부 정보는 전부 다!"

투기든 투자든 간에 성패는 자신의 손에 달렸다는 점은 아무리 강조해도 지나치지 않다. 그 누구도 자신의 손에 거액을 그냥 쥐어주지 않는다. 빈털터리 부랑자가 식당에 들어가 이렇게 행동한다고 생각해보라. 너무 배가 고픈 나머지 체면이고 뭐고 생각하지 않고 무작정 식당으로 들어가 일단 주문한다. "여기, 아주 크고 맛도 좋고 육즙도 풍부한 스테이크를 두툼하게 썰어주시오." 그러더니 종업원에게 다시 이렇게 덧붙였다. "아, 그리고 주방장한테 빨리 좀 준비하라고 해주시고요." 잠시 후 종업원이 천천히 다가와 이렇게 말했다. "주방장님이 그런 스테이크가 있으면 자신이 먹겠답니다."

설사 눈먼 돈이 주변에 널려 있어도 아무도 그 돈을 억지로 당신의 주머니에 넣어주지는 않는다. 그 돈이 탐나면 직접 주워라!

제시 리버모어의 투자 어록

이전 매도가격보다 낮은 가격이 아니라면 추가 매도를 하지 마라.

매매에서 이익이 났다는 사실 자체가 시장 흐름에 대한 자신의 판단이 옳았음을 보여주는 증거다.

판단이 잘못됐다는 실수를 깨달았으면 미련을 두지 말고 바로 시장에서 나와야 한다.

판단이 잘못됐을 때 구구절절 변명하지 마라. 잘못을 인정하고 그러한 사실에서 교훈을 얻으려 노력하라.

작은 노트를 항상 가지고 다녀라. 그리고 관심을 둘 만한 시장 정보가 있을 때마다 노트에 적어라. 앞으로의 매매에 도움이 될 만한 생각이나 의견, 수시로 곱씹을 만한 아이디어, 가격 동향에 관한 개인적 관찰 사항 등을 기록하라.

내부 정보를 경계하라. 내부 정보는 전부 다!

눈먼 돈이 주변에 널려 있어도 아무도 그 돈을 억지로 당신의 주머니에 넣어주지 않는다.

300만 달러의 이익

　이전 장에서는 나는 인내심을 발휘하지 못해서 거액의 이익을 거둘 기회를 놓쳤던 경험을 이야기했다. 이제는 정반대로 꾹 참고 기다렸을 때, 즉 심리적 시간에 도달할 때까지 느긋하게 기다렸을 때 어떤 이득을 보게 됐는지에 대해 이야기하겠다.

　1924년 여름에 밀 가격이 내가 생각한 '전환점'에 도달했다. 그래서 우선 500만 부셸에 대해 매수 주문을 내며 시장에 진입했다. 당시 밀선물시장은 규모가 엄청난 거대 시장이었기 때문에 이 정도 주문 물량으로는 밀 가격에 그다지 큰 영향을 미치지 않았다. 주식시장으로 치면 단일 종목 5만 주를 거래할 때와 비슷한 정도의 효과라고 할 수 있다.

　주문 체결 직후 며칠 동안은 시장 상황에 큰 변화가 없었고, 가격이 전환점 밑으로 떨어지지도 않았다. 그러다 시장이 다시 상승하기 시작하더니 이전 가격 움직임보다 몇 센트 정도 더 상승했다. 즉 이전 고점에서 정상적 조정을 받았고, 다시 가격이 상승하더니 며칠간 시장이 정체되는 모습을 보였다.

다음번 전환점을 돌파하자마자 500만 부셸에 대한 추가 매수 주문을 냈다. 이번에는 전환점보다 평균 1.5센트 높은 가격에 주문이 체결됐다. 나는 이 상황을 강력한 추세가 형성되고 있다는 의미로 받아들였다. 그 이유는 500만 부셸을 추가 매수할 때가 처음보다 훨씬 어려웠기 때문이다.

첫 번째 주문 때는 매수 후 시장 조정이 있었는데 두 번째 주문 때는 다음 날 가격이 3센트나 상승했다. 이는 내가 예측했던 시장 상황과 정확히 일치하는 모습이었다. 이때부터 '확실한 강세장'이 시작됐다고 봐도 되는 상황이었다. 밀선물시장에서 적어도 수개월은 계속될 큰 추세가 형성되기 시작했다는 의미였다. 그러나 그때까지만 해도 앞으로 벌어질 상황을 완벽하게 꿰뚫고 있지 못했다. 그래서 부셸당 25센트의 차익이 발생하자 이를 냉큼 현금화했다. 그런데 며칠 만에 또 20센트가 상승했다.

이 상황을 지켜보며 내가 큰 실수를 했다는 사실을 깨달았다. 도대체 나는 왜 있지도 않은 무언가를 잃을까 봐 조바심을 냈을까? 인내심과 용기를 가지고 포지션을 끝까지 유지했어야 할 바로 그 시점에 유감스럽게도 나는 장부상 이익을 실제 '돈'으로 바꾸려고 안달을

했다. 어쨌거나 실수를 깨닫고 생각을 정리해봤다. 이 상승 추세가 아직 끝나지 않았으니 때가 되면 전환점에 도달할 것이고, 또 위험 신호가 나올 때까지 아직은 시간이 충분하다고 생각했다.

그래서 시장에 재진입하기로 했다. 이때는 1차(첫 번째) 매수가보다 평균 25센트 높은 가격에 주문이 체결됐다. 처음에는 총 매도 물량의 50%인 500만 부셸을 매수하는 선에서 그쳤다. 사실 그 이상을 매수할 용기가 없었다. 그래도 이번에는 조바심을 떨쳐내고 위험 신호가 나타날 때까지 그 포지션을 끝까지 유지했다. 1925년 1월 28일 당시 5월물 밀선물의 매매가는 부셸당 2.06달러였다. 2월 11일에는 조정을 받으며 부셸당 1.78달러로 하락했다.

밀선물 가격이 이와 같은 놀라운 상승세를 나타내는 동안 이보다 훨씬 큰 폭의 상승세를 보인 또 다른 상품이 있었는데 바로 호밀이었다. 그러나 호밀선물시장은 밀선물시장과 비교하면 아주 협소해서 비교적 소규모의 매수 주문으로도 호밀 가격이 급등할 수 있었다.

앞에서 설명한 매매를 진행하는 동안 대량 매매를 자주 했고 나와 비슷한 규모로 매매하는 사람이 여럿 있었다. 또 수백만 부셸의 밀현물과 수백만 부셸의 밀선물을 매수했고, 동시에 밀선물시장에서 자신의 포지션을 유리하게 끌고 나가려고 호밀현물도 대량으로 매수한 사람이 있었다. 이 사람은 밀선물시장이 흔들릴 때 호밀선물에 매수 주문을 내는 식으로 호밀선물시장을 이용했다.

앞서 언급했듯이 호밀선물시장은 밀선물시장에 비해 규모도 작고 거래량도 적다. 때문에 대량 매수 주문으로 가격이 급등할 수 있고, 밀 가격에도 상당한 영향을 미치게 된다. 이 방법이 사용될 때마다 일반 투자자들이 서둘러 매수에 나서게 되면서 결과적으로 밀선물은 신고가에 거래되었다.

주요 추세가 끝날 때까지 이 과정이 이어졌다. 밀선물이 조정을 받는 동안 호밀선물 역시 조정을 받았다. 즉 1925년 1월 28일에 2.06달러였던 밀선물 가격이 조정을 받아 1.78달러로 하락하자 같은 시기에 호밀선물은 1.82달러에서 1.54달러로 하락했다. 밀과 호밀의 가격 조정폭은 각각 28.37센트와 28.25센트였다. 3월 2일이 되자 밀선물 5월물은 이전 고가(2.06달러)에서 3.88센트밖에 차이가 나지 않는 수준으로 가격이 회복되면서 부셀당 2.02달러에 거래됐다. 그러나 호밀 가격은 이 정도까지는 회복되지 않았다. 즉 호밀선물은 1.70달러에 거래됐으며 이는 이전 고가(1.82달러)보다 12.12센트 낮은 수준이었다.

당시 시장을 지켜보던 나는 뭔가 잘못됐다는 생각이 강하게 들었다. 거대한 강세장이 진행되는 동안에는 항상 호밀선물 가격이 밀선물 가격에 선행하는 모습을 보였기 때문이다. 그런데 이번에는 호밀선물 가격이 밀선물 가격을 따라가고 있었다. 밀선물은 비정상적 수준의 조정에서 이전 고가 수준으로 거의 회복됐는데, 호밀선물은 이전 고가보다 아직 12센트가량 낮은 상태였다. 전에 없던 가격 흐름이었다.

그래서 호밀선물 가격이 밀선물 가격만큼 회복되지 못한 이유를 알아내려고 시장 분석에 들어갔다. 분석 결과 그 이유가 분명해졌다. 투자 대중이 호밀선물시장이 아니라 밀선물시장에 관심이 있었기 때문이었다. 만일 한 사람이 좌지우지하는 시장이라고 한다면, 그 사람은 왜 갑자기 그 시장에 대한 관심이 사라졌을까? 아마도 호밀선물에 더는 관심이 없어졌거나, 아니면 두 시장에 너무 많이 관여해서 추가 포지션을 취할 여력이 없기 때문일 것이다.

그 사람이 호밀선물시장에 남아 있든, 아니면 빠져나갔든 전체 시장이라는 관점에서 봤을 때 결과는 마찬가지라고 생각했다. 때문에 일단은 내 가설을 검증해보기로 했다.

가장 최근에 체결된 호밀선물 매수호가는 1.69달러였다. 일단 호밀선물시장의 현황 파악을 위해 20만 부셸에 대해 '시장가'로 매도 주문을 냈다. 매도 주문을 낼 당시 밀선물 가격은 2.02달러였다. 주문 체결 이전에 호밀선물은 부셸당 3센트 낮은 가격에 거래됐는데 주문 체결 이후 2분 만에 1.69달러가 됐다.

주문 체결 과정에서 이 시장에 주문량이 많지 않았다는 사실을 알게 되었다. 그러나 앞으로의 시장 상황에 대해서는 아직 단언하기 어려운 상태였다. 그래서 추가로 20만 부셸 매도 주문을 냈다. 이번에도 주문 체결 이전에는 3센트 하락한 가격이었다. 그러나 주문 체결 이후, 이전에는 2센트 상승했는데 이번에는 1센트 상승에 그쳤다.

그래도 여전히 호밀선물시장에 대한 내 분석이 정확한지에 대해 확신이 서지 않았다. 그래서 3차로 20만 부셸 매도 주문을 냈다. 결과는 역시 같았다. 매도 주문 즉시 가격은 하락했다. 그런데 이번에는 주문 체결 이후에 가격 반등이 일어나지 않았다. 그리고 하락 관성이 붙으면서 가격은 계속해서 하락했다.

내가 시장을 관찰하면서 기다렸던 바로 그 신호였다. 누구든 밀선물시장에서 대규모 포지션을 취하고 있으면서 어떠한 이유에서든 (그 이유는 내게 중요하지 않음) 호밀선물시장을 방치한다면 결국은 밀선물시장의 포지션도 방어하지 못할 것이라는 확신이 들었다. 이러한 판단에 따라 즉시 5월물 밀선물 500만 부셸에 대해 시장가로 매도 주문을 냈다. 당시 매매가는 1.99~2.01달러였다. 이날 밀선물은 1.97달러 근처에서, 그리고 호밀선물은 1.65달러에 장이 마감됐다.

최종 주문이 2달러보다 낮은 가격에 체결되어 기분이 좋았다. 2달러가 전환점이었는데 시장이 이 전환점을 하향 돌파했으니 내가 취한 포지션이 틀리지 않았다는 생각이 들었다. 그래서 당연히 이 거래는 전혀 걱정하지 않았다.

애초에 시장 포지션 분석을 목적으로 한 시험 매도였기 때문에 며칠 후 호밀을 다시 매수했다. 이 매매로 25만 달러의 이익이 발생했다. 이 와중에도 나는 밀선물 매도를 계속해 공매도 물량이 1,500만 부셸에 이르렀다. 3월 16일에 5월물 밀선물은 1.64달러에 마감됐고,

다음 날 리버풀 시장에서는 이보다 3센트가 낮은 가격으로 장이 마감됐다. 그러므로 일물일가一物一價(동일 재화는 어느 시장에서든 가격이 같아야 함-역주) 원칙에 따라 다음 날 시가는 1.61달러 부근에서 형성될 것이라는 예측이 가능했다.

그런데 나는 여기서 그동안의 경험에 비추어 절대 하지 말아야 할 행동을 하고 말았다. 장이 열리기 전에 특정 가격을 지정해 주문을 내버리고 말았다. 예측을 믿고 그냥 가보자는 유혹에 빠져 판단력이 흐려졌던 것이다. 나는 결국 전날 종가보다 3.5센트 낮은 1.61달러에 500만 부셸의 매수 주문을 냈다. 그런데 막상 시장이 개장하자 시가는 1.54~1.61달러 범위에서 형성됐다. 이 상황을 보고 이렇게 혼잣말을 할 수밖에 없었다.

"어기면 안 되는 규칙을 제대로 어겨버렸으니 당해도 싸지 뭐."

이 또한 흔들리기 쉬운 인간 본성이 판단력을 가린 또 한 가지 사례였다. 어쨌거나 이는 내가 지정한 가격이며, 시가 범위의 고가였던 1.61달러에 베팅한 것이다. 가격이 1.54달러가 됐을 때 500만 부셸에 대해 추가 매수 주문을 냈고, 곧바로 다음과 같은 내용의 주문 체결 명세서를 받았다.

'5월물 밀선물 500만 부셸 1.53달러에 매수 체결'

여기서 다시 500만 부셸에 대한 추가 매수 주문을 냈다. 주문을 내고 채 1분도 지나지 않아 '5월물 밀선물 500만 부셸 1.53달러에 매수 체결'이라고 표기된 체결 명세서를 받았고, 나는 이것이 당연히 3차 주문 체결서라고 생각했다. 그래서 1차 주문 체결 명세서를 요청해서 받았는데 그 내용은 다음과 같았다.

'처음에 받은 500만 부셸 매수 주문 체결 명세서가 1차 주문 체결 내용임'

'두 번째로 받은 500만 부셸 매수 주문 체결 명세서가 2차 주문의 체결 내용임'

'3차 주문의 체결 내용은 다음과 같음
- 350만 부셸 153센트에 매수 체결
- 100만 부셸 153.125센트에 매수 체결
- 50만 부셸 153.25센트에 매수 체결'

이날 밀선물 가격의 저가는 1.51달러였고, 다음 날에 1.64달러로 회복했다. 사실 나는 이러한 유형의 지정가 주문 내역은 처음 받아봤다. 처음에 나는 1.61달러에 500만 부셸을 매수하라는 주문을 했다. 그런데 시가인 1.61달러보다 7센트 낮은 1.54달러에 주문이 체결됐다. 금액으로 따져 35만 달러나 이익을 본 셈이었다.

이 매매를 완료하고 나서 얼마 후 시카고에 갔다가 내 주문 체결 담당자를 우연히 만나게 되었다. 그래서 내 1차 주문이 어떻게 그렇게 유리한 가격에 체결될 수 있었는지를 물었다. 그러자 담당자가 그 내막을 알려줬다. 그때 우연히 시장가로 3,500만 부셸에 대한 매도 주문이 있었다는 사실을 알았다고 한다.

이렇게 되면 시가가 아무리 낮게 형성되더라도 개장 후 더 낮은 가격에 대량 매물이 나올 것이라고 봤다. 그래서 시가 범위의 저가(1.54달러)에 도달할 때까지 기다렸다가 시장가로 주문을 체결했다고 한다. 그때 내 매수 주문이 들어가지 않았다면 시장은 아마 시가 범위 하한가보다 훨씬 더 크게 하락했을 것이라고 했다.

어쨌거나 나는 이 매매를 통해 최종적으로 300만 달러가 넘는 이익을 냈다. 이는 투기시장에서 공매도 세력이 얼마나 중요한 역할을 하는지 단적으로 보여주는 사례다. 이 세력은 쇼트커버링Short covering(공매도 물량을 다시 사서 메움-역주)에 나서며 자발적인 매수자가 되는데, 이로써 공황기에 반드시 필요한 시장 안정자의 역할을 수행하게 되는 것이다.

오늘날 이러한 유형의 매매는 사실상 불가능하다. 일단 상품선물거래소관리위원회Commodities Exchange Administration가 곡물선물시장에서 개인별 포지션의 규모를 200만 부셸로 제한하고 있기 때문이다. 주식시장에서는 매매 규모를 제한하지 않지만, 이 경우에도 공매도에 관한 현행 규칙상 한 개인이 대규모 공매도 포지션을 취하는 것은 불가능하다.

그래서 나는 구식舊式 투기자의 시대는 이제 갔다고 생각한다. 아마도 미래에는 이 구식 투기자의 자리를 투기자와 투자자의 속성을 뒤섞은 이른바 '준準투자자'가 차지할 것이라고 본다. 준투자자는 시장에서 짧은 시간 내에 큰돈을 벌기는 어렵겠지만, 주어진 기간 동안에는 이전보다 더 많은 돈을 벌 수 있을 것이다. 그리고 성공적인 준투자자는 심리적 시간에만 매매에 나서고 주요한 흐름이든 미미한 흐름이든 간에 구식 투기자보다 훨씬 많은 이익을 낼 것이라고 생각한다.

제시 리버모어의 투자 어록

인내심을 발휘하여 심리적 시간에 도달할 때까지 느긋하게 기다린다면 큰 이득을 보게 된다.

예측을 믿고 그냥 가보자는 유혹에 빠져 판단력이 흐려지는 것을 경계하라.

리버모어의 비밀 노트,
시장의 핵심

오랜 세월 투기 매매에 전념하는 동안 나는 다음과 같은 결론에 도달했다. 주식시장에서 일어나는 일은 전혀 새롭지 않고, 주가 흐름은 반복되며, 주식에 따라 편차는 있으나 전반적인 주가 패턴은 동일하다는 것이다.

이미 언급했듯이 나는 주가 흐름을 파악하는 데 도움이 될 것이라는 생각에 주가를 기록해야겠다고 결심했다. 그래서 열정적으로 이 작업에 몰두했다. 그러면서 미래 주가 흐름 예측의 출발점이 될 지점을 찾아보기 시작했다. 물론 쉽지 않은 작업이었다.

초창기에 시도했던 노력을 되짚어보니 그 작업이 왜 즉각적인 결실을 보지 못했는지 그 이유가 이해됐다. 그때는 단순히 투기적 관점에서만 접근하려 했다. 계속 시장을 들락날락하면서 작은 흐름도 놓치지 않으려 애를 썼다. 여기에 문제가 있었다. 그래도 다행히 너무 늦지 않게 이 사실을 깨닫게 되었다.

나는 주가를 계속 기록했다. 그만한 가치가 있다고 믿었고, 언젠가는 내게 유용한 결과물을 안겨줄 것이라고 확신했다. 그리고 마침내 비밀이 베일을 벗었다. 중기中期적 흐름에서는 크게 얻을 것이 없다는 사실이 명확해졌다. 그러나 직접 시장을 주시하면서 일정한 주가 패턴이 드러났고 이런 패턴에서 주요 시장 흐름을 예측할 수 있었다. 그래서 나는 사소한 움직임들을 제거하기로 했다.

기록표를 계속해서 꼼꼼히 분석한 결과, 주요 흐름을 정확히 판단하는 데 시간 요소가 매우 중요하다는 사실을 깨달았다. 한껏 고무된 나는 그때부터 시간 요소에 관심을 집중했다. 내가 발견하고 싶었던 것은 사소한 순환 요소를 인지하는 방법이었다. 이미 확실한 추세가 형성된 시장에도 중간중간 수많은 주가의 변동이 일어난다. 이러한 움직임이 시장 추세를 파악하려는 사람들을 헷갈리게 했다. 그러나 이러한 움직임을 무시하기로 결정하면서 내게는 더 이상 문제가 되지 않았다.

나는 정상적 조정 혹은 정상적 반등이 시작됐다고 볼 만한 시점이 어디인지 알아내고 싶었다. 그래서 가격 움직임의 거리, 즉 주가 변동폭을 관찰하기 시작했다. 처음에는 1포인트를 기준으로 계산했다. 그런데 별로 만족스럽지 않았다. 그래서 이번에는 2포인트, 그다음에는 3포인트를 기준으로 삼았다. 그리고 마침내 정상적 조정 혹은 반등이 시작됐다고 판단할 만한 기준 포인트를 알게 됐다.

상황을 간단히 정리하고자 특수한 기록표를 하나 만들었다. 줄줄이 선을 그어 칸을 만들고 그 안에 주가를 기록하여 만든 표로 이를 '미래의 주가 움직임을 예측하는 지도'라고 명명했다. 각 주식에 총 6개 칸을 할당해 주가를 기록했다. 각 칸의 이름은 다음과 같다.

첫 번째 칸은 부차적 반등
두 번째 칸은 정상적 반등
세 번째 칸은 상승 추세
네 번째 칸은 하락 추세
다섯 번째 칸은 정상적 조정
여섯 번째 칸은 부차적 조정

상승 추세 칸에 기록할 때는 검은색 펜으로 수치를 적는다. 상승 추세 칸 왼쪽 두 개 칸에는 연필로 수치를 적는다. 하락 추세 칸에 기록할 때는 빨간색 펜으로 수치를 적는다. 하락 추세 칸 다음 오른쪽 두 개 칸에는 연필로 수치를 적어 넣는다.

따라서 상승 추세 칸이나 하락 추세 칸 중 한 곳에 주가를 기록한다는 자체가 그 당시 시장 추세를 인상적으로 봤다는 의미다. 또 각기 다른 색으로 수치를 기록하는 것도 나름의 의미가 있다. 빨간색이든 검은색이든 꾸준히 같은 색으로 기록하면 상황을 혼동할 일이 없다. 그리고 계속해서 연필을 사용한다는 것은 정상적 수준의 변동이 일어난다는 의미다(나중에 이 표를 다시 작성할 때 연필로 적은 수치를 파란색 펜으로 바꿔 적었다).

매매가가 30달러 이상인 주식 중에서 주가가 고점이나 저점에서 6포인트 정도 반등하거나 반락하면 정상적 반등 혹은 정상적 조정이 일어난 것으로 간주하기로 했다. 이러한 반등 혹은 조정이 시장의 전반적 추세가 변했음을 의미하지는 않는다. 이는 단지 시장이 일반적 수준의 주가 변동을 겪고 있음을 나타낸다. 이때의 시장 추세는 반등 혹은 조정이 일어나기 전의 추세와 정확히 일치한다.

여기서 나는 개별 종목의 주가 흐름만 보고 해당 종목이 속한 업종 전체의 추세가 확실히 바뀌었음을 나타내는 지표로 사용해서는 안 된다는 것을 설명할 것이다.

나는 그 업종의 추세가 확실히 바뀌었음을 인지하기 전에 적어도 동일 업종 내 2개 종목의 주가 움직임을 결합하여 '핵심 가격Key Price'을 찾아낸다. 때로는 상승 추세 칸 혹은 하락 추세 칸에 기록할 만큼 한 종목의 주가가 크게 변동하기도 한다. 한 종목에만 의존하면 전반적 추세를 잘못 판단할 위험이 있다. 그러나 적어도 2개 종목의 주가 흐름을 종합해 판단하면 추세 판단에 좀 더 확실한 근거를 제시해주므로 추세를 오판할 가능성은 그만큼 줄어든다. 그러므로 추세가 확실히 변했는지는 '핵심 가격'의 움직임을 통해 확인해야 한다.

이 '핵심 가격' 부분을 좀 더 상세히 설명하도록 하겠다. 앞서 언급했듯이 추세 변동의 기준점을 6포인트로 잡았다. 그런데 내 주가 기록표를 보면 알 수 있듯이 US스틸의 경우 주가가 5.125포인트 변동했는데도 이 수치를 기록할 때가 있다. 그 이유는 이에 대응하는 베슬리헴철강회사의 주가가 7포인트 변동했기 때문이다. 이 두 개 종목의 주가 움직임을 합한 것이 핵심 가격이 된다. 따라서 이 핵심 가격 기준으로 총 12포인트 이상 변동했다면 종목당 6포인트 기준은 충족한 것이 된다.

기록 요건을 충족하는 수준의 포인트에 도달하면, 즉 두 종목의 평균 주가 변동 값이 6포인트이면, 그 가격이 상승 추세 칸에 기록한 마지막 가격보다 높을 때마다 혹은 하락 추세 칸에 기록한 마지막 가격보다 낮을 때마다 이전의 고가나 저가를 기록한 칸에 그 가격을 계속해서 기록해나간다. 추세 반전이 시작될 때까지 이 과정을 계속한다. 핵심 가격 기준으로 총 12포인트나 평균 6포인트의 주가 변동이 일어난 것이 추세 반전의 기준이 된다.

이렇게 기준 포인트를 정한 이후로 이 기준을 어긴 적이 없다. 여기에는 예외가 있을 수 없다. 이 주가 기록표를 이용했을 때 애초 내 기대와 다른 결과가 나오더라도 이에 대해 어떠한 변명도 핑계도 대지 않았다. 내가 기록한 이 가격들은 내가 멋대로 만들어낸 수치가 아니다. 이 포인트는 당일 매매에서 발생한 실제 가격을 기준으로 정한 것이다.

내가 주가 기록표를 기록하기 시작하면서 결정적 포인트를 정확히 짚어냈다고 말하는 것은 뻔뻔스러운 일이다. 게다가 이렇게 말하는 것 자체가 상당히 불성실한 발언이고, 더 나아가 사람들을 호도할 위험이 있다. 사실 나는 오랜 관찰과 분석 끝에 주가 기록의 기준으로 삼을 만한 포인트를 겨우 찾아냈다. 하지만 이러한 기록표를 살펴보면 주요 추세에 대한 접근법을 결정하는 데 매우 유용한 '지도'가 눈앞에 펼쳐질 것이라고 생각한다.

성공을 하느냐 마느냐는 결정을 하느냐 마느냐에 달렸다. 즉 주가 기록표가 가리키는 방향대로 신속하게 행동할 용기가 있느냐에 성패가 달렸다. 망설이면 일을 그르친다. 때문에 평소 훈련을 통해 결단력을 키워야 한다. 다른 사람의 설명이나 이유를 듣고 결정해야겠다고 생각했다가는 행동할 기회를 놓치고 만다.

예를 하나 들어보겠다. 유럽의 선전 포고 이후 모든 종목의 주가가 급등한 다음, 전체 시장에서 일제히 정상적 조정이 일어났다. 그러고 나서 주요 4개 업종에 속한 모든 종목의 주가가 조정 이전 수준을 회복했고, 철강 업종을 제외한 전 종목이 신고가에 거래됐다. 내 방법론에 따라 주가를 꾸준히 기록한 사람은 당연히 철강주의 행보에 관심이 쏠렸을 것이다. 다른 업종의 종목과는 달리 철강주가 유독 상승세를 이어가지 못한 데에는 당연히 그럴만한 이유가 있었다. 그러나 나는 당시에는 그 이유를 몰랐다. 그리고 나뿐만 아니라 그 이유를 명확히 설명해줄 사람도 없었다. 그러나 주가를 꾸준히 기록해왔던 사람이라면 철강주의 행보를 보고 이제 철강 업종의 상승 추세는 끝났다고 생각했을 것이다.

그로부터 4개월이 지난 1940년 1월이 돼서야 철강주의 '이상한' 주가 움직임이 설명됐다. 그 당시에 영국 정부가 US스틸 주식 10만 주를 처분했다고 발표했고, 게다가 캐나다는 2만 주를 팔아치웠다. 이같은 사실이 공표될 당시 US스틸 주가는 1939년 9월에 기록한 고가보다 26포인트 낮은 수준이었고, 베슬리헴철강회사의 주가는 29포인트 낮았다. 반면에 다른 3개 업종의 주가는 철강주가 고가를 기록했던 때와 같은 시기에 형성된 고가 수준에서 겨우 2.5~12.75포인트 낮은 수준에 불과했다. 특정 주식을 매수하거나 매도해야 하는 '충분한 이유'를 찾아내겠다는 시도가 얼마나 어리석은 행동인지 잘 드러나는 대목이다. 그러한 이유가 확실해질 때까지 기다렸다가는 행동의 최적기를 놓치고 만다!

투기자나 투자자가 행동의 기준으로 삼을 중요한 '이유'는 '시장 자체의 움직임'뿐이다. 시장의 움직임이 적절하지 않거나 나타나야 할 움직임과 다르게 움직이는 그때가 바로 자신의 생각을 바꿔야 할 시점이다. 주가 움직임에는 다 그럴만한 이유가 있다는 점을 명심하라. 이밖에 또 한 가지 기억할 점이 있다. 지금 바로가 아니라 시간이 좀 지나고 나서야 그러한 이유를 알게 되고, 그때는 이미 적절하게 행동할 시점을 놓쳐버린 이후일 수도 있다는 점을 명심하라.

여기서 재차 강조하고 싶은 사실이 있다. 지금의 이 공식은 주요 추세가 형성되는 동안에 나타나는 중·단기적 주가 변동에는 해당 사항이 없다는 점이다. 따라서 중·단기 주가 변동에 이 공식을 적용해 매매 시점을 포착하는 일은 바람직하지 않다.

이 공식의 목적은 주요 주가 움직임을 포착해 중요한 추세의 처음과 끝을 알아내려는 것이다. 이러한 목적에 따라 꾸준히 작업하다 보면 매우 유용한 공식을 찾아낼 수 있을 것이다. 그리고 다시 한번 말하지만 이 공식은 30달러 이상의 가격으로 거래되는, 이른바 거래가 활발한 주식을 대상으로 설계됐다. 물론 모든 종목의 주가 흐름을 예측하는 데 사용해도 크게 무리는 없다. 그러나 초저가주의 경우에는 이 공식을 적절히 수정해 사용할 필요가 있다. 수정 작업은 생각보다 복잡하지 않다. 여기에 관심이 있는 사람이라면 이 공식에 관한 다양한 국면을 쉽게 이해할 수 있을 것이다. 2부에서는 내가 작성한 실제 주가 기록표와 함께 표에 기입한 수치에 대한 설명을 소개했다.

제시 리버모어의 투자 어록

주식시장에서 일어나는 일은 전혀 새롭지 않고, 주가 흐름은 반복되며, 주식에 따라 편차는 있으나 전반적인 주가 패턴은 동일하다.

확실한 추세가 형성된 시장에서도 중간중간 수많은 주가의 변동이 일어난다.

개별 종목의 주가 흐름만 보고 해당 종목이 속한 업종 전체의 추세가 확실히 바뀌었다고 생각해서는 안 된다.

한 종목에만 의존하면 전반적 추세를 잘못 판단할 위험이 있다.

주가 기록표가 가리키는 방향대로 신속하게 행동할 용기가 있느냐에 성패가 달렸다.

특정 주식을 매수하거나 매도해야 하는 '충분한 이유'가 확실해질 때까지 기다렸다가는 행동의 최적기를 놓치고 만다! 투기자나 투자자가 행동의 기준으로 삼을 중요한 '이유'는 '시장 자체의 움직임'뿐이다.

주가 움직임에는 다 그럴만한 이유가 있다는 점을 명심하라.

How to trade in Stocks

2부

제시 리버모어의 주가 기록표

주가 기록표 작성 규칙

1. 상승 추세 칸의 수치는 검은색 펜으로 기록한다.

2. 하락 추세 칸의 수치는 빨간색 펜으로 기록한다.

3. 나머지 4개 칸의 수치는 연필로 기록한다.

4-a. 정상적 조정 칸에 수치를 기록하기 시작한 첫날, 상승 추세 칸에 기록한 가장 최근 수치 밑에 빨간색 줄을 긋는다. 상승 추세 칸의 가장 최근 가격에서 처음으로 약 6포인트 조정이 이루어졌을 때 이 작업을 시작하면 된다.

4-b. 정상적 반등 칸 혹은 상승 추세 칸에 수치를 기록하기 시작한

첫날, 정상적 조정 칸의 가장 최근 수치 밑에 빨간색 줄을 긋는다. 정상적 조정 칸의 가장 최근 가격에서 처음으로 약 6포인트 반등이 이루어졌을 때를 출발점으로 삼으면 된다.

이제 관찰해야 할 전환점 두 개가 생긴 셈이다. 시장이 이 전환점 수준에서 어떠한 가격을 형성하는지에 따라 확실한 추세가 재개된 것인지, 아니면 그 움직임이 끝난 것인지가 결정된다.

4-c. 정상적 반등 칸에 수치를 기록하기 시작한 첫날, 하락 추세 칸의 가장 최근 수치 밑에 검은색 줄을 긋는다. 하락 추세 칸의 가장 최근 가격에서 처음으로 약 6포인트 반등이 이루어졌을 때 이 작업을 시작하면 된다.

4-d. 정상적 조정 칸 혹은 하락 추세 칸에 수치를 기록하기 시작한 첫날, 정상적 반등 칸의 가장 최근 수치 밑에 검은색 줄을 긋는다. 정상적 반등 칸의 가장 최근 가격에서 처음으로 약 6포인트 조정이 이루어졌을 때 작업을 시작하면 된다.

5-a. 정상적 반등 칸에 가격을 기록하다가 이 가격이 정상적 반등 칸의 가장 최근 수치(밑에 검은색 줄이 표시돼 있음)보다 3포인트 이상 높을 때는 상승 추세 칸에 검은색 펜으로 이 가격을 기록한다.

5-b. 정상적 조정 칸에 가격을 기록하다가 이 가격이 정상적 조정 칸의 가장 최근 수치(밑에 빨간 줄이 표시돼 있음)보다 3포인트 이상 낮을 때는 하락 추세 칸에 빨간색 펜으로 이 가격을 기록한다.

6-a. 상승 추세 칸에 가격을 기록한 이후에 6포인트 정도 가격 조정을 받으면 그 가격을 정상적 조정 칸에 기록하기 시작한다. 그리고 주식이 정상적 조정 칸의 가장 최근 가격보다 낮은 가격에 매매된 이후에는 매일 그 가격을 정상적 조정 칸에 기록한다.

6-b. 정상적 반등 칸에 가격을 기록한 이후에 6포인트 정도의 반락이 이루어지면 그 가격을 정상적 조정 칸에 기록하기 시작한다. 그리고 주식이 정상적 조정 칸의 가장 최근 가격보다 낮은 가격에 매매된 이후에는 매일 그 가격을 정상적 조정 칸에 기록한다. 이때 그 가격이 하락 추세 칸의 가장 최근 가격보다 더 낮을 때는 이를 하락 추세 칸에 기록한다.

6-c. 하락 추세 칸에 가격을 기록한 이후에 6포인트 정도의 반등이 이루어지면 그 가격을 정상적 반등 칸에 기록하기 시작한다. 그리고 주식이 정상적 반등 칸의 가장 최근 가격보다 높은 가격에 매매된 이후에는 매일 그 가격을 정상적 반등 칸에 기록한다.

6-d. 정상적 조정 칸에 가격을 기록한 이후에 6포인트 정도의 반등이 이루어지면 그 가격을 정상적 반등 칸에 기록하기 시작한다. 그리고 주식이 정상적 반등 칸의 가장 최근 가격보다 높은 가격에 매매된 이후에는 매일 그 가격을 정상적 반등 칸에 기록한다. 이때 그 가격이 상승 추세 칸의 가장 최근 가격보다 더 높을 때는 이를 상승 추세 칸에 기록한다.

6-e. 정상적 조정 칸에 가격을 기록하기 시작했는데 그 가격이 하락 추세 칸의 가장 최근 가격보다 더 낮으면 그 가격은 빨간색 펜으로 하락 추세 칸에 기록한다.

6-f. 이와 마찬가지로 정상적 반등 칸에 가격을 기록하다가 그 가격이 상승 추세 칸의 가장 최근 가격보다 더 높을 때는 이 가격을 정상적 반등 칸에 적지 말고 검은색 펜으로 상승 추세 칸에 적는다.

6-g. 정상적 조정 칸에 가격을 기록하다가 이 칸의 가장 최근 가격에서 6포인트 정도 반등이 일어났지만 이 가격이 정상적 반등 칸의 가장 최근 가격보다는 낮은 수준이라면 이 가격은 부차적 반등 칸에 기록한다. 그리고 이러한 가격이 정상적 반등 칸의 가장 최근 가격을 초과할 때까지는 계속해서 이를 부차적 반등 칸에 기록한다. 그리고 가격이 정상적 반등 칸의 가장 최근 가격을 초과할 때 다시 이를 정

상적 반등 칸에 기록하기 시작한다.

6-h. 정상적 반등 칸에 가격을 기록하다가 이 칸의 가장 최근 가격에서 6포인트 정도의 반락이 일어났지만 이 가격이 정상적 조정 칸의 가장 최근 가격보다 낮지 않다면 이 가격은 부차적 조정 칸에 기록한다. 그리고 이 가격이 정상적 조정 칸의 가장 최근 가격보다 낮을 때까지는 계속해서 이를 부차적 조정 칸에 기록한다. 그리고 가격이 정상적 조정 칸의 가장 최근 가격보다 낮을 때 다시 이를 정상적 조정 칸에 기록하기 시작한다.

7. 개별 주식은 6포인트 기준을 사용하지만, 핵심 가격은 12포인트 기준을 사용한다는 부분만 제외하면 핵심 가격을 기록할 때도 이와 동일한 원칙을 적용한다.

8. 정상적 반등 칸 혹은 정상적 조정 칸에 가격을 기록하기 시작하는 순간, 하락 추세 칸 혹은 상승 추세 칸에 기록한 가장 최근 가격이 전환점이 된다. 반등 혹은 조정이 끝난 다음에는 다시 반대 칸에 기록하기 시작한다. 이때 이전 칸에 기록한 극단 가격이 또 다른 전환점이 된다.

두 개의 전환점이 형성된 다음에야 이러한 가격 기록들이 향후 주요 주가 흐름을 정확히 예측하는 데 유용한 수치가 된다. 이러한 전환점 밑에는 빨간색 혹은 검은색으로 두 줄을 그어 놓았기 때문에 확인하기 쉽다. 주요 가격 흐름을 놓치지 않기 위해 이렇게 밑줄을 긋는 것이고, 주식 가격이 이 두 전환점 가운데 한 지점이나 그 근처에 도달할 때마다 그 상황을 주시해야 한다.

9-a. 하락 추세 칸에 빨간색 펜으로 기록한 가장 최근 가격 밑에 검은색 줄이 있으면 이는 그 가격 근처에서 매수하라는 신호다.

9-b. 정상적 반등 칸에 기록한 가장 최근 가격 밑에 검은색 줄이 그어져 있고 다음번 반등에서 주가가 전환점 가격에 거의 근접한다면, 이 시점에서 시장이 상승 추세로 돌아설 정도로 이 움직임이 강력한지 아닌지 확인해야 한다.

9-c. 상승 추세 칸에 기록한 가장 최근 가격에 빨간색 밑줄이 그어져 있을 때, 그리고 정상적 조정 칸의 가장 최근 가격에 빨간색 밑줄이 그어져 있을 때는 위와 정반대 상황을 가정하면 된다.

10-a. 이 방법론은 정상적 반등이나 조정이 이루어진 다음에 주가가 가야 할 방향대로 가고 있는지를 확실히 파악하기 위한 목적으로 설계됐다. 반등 혹은 조정 이후에 주가가 확실히 그 방향(상승 혹은 하락)대로 움직인다면 조만간 이전 전환점을 돌파할 가능성이 크다. 즉

개별 주식을 기준으로 하면 3포인트, 핵심 가격을 기준으로 하면 6포인트 변동이 일어난다.

10-b. 그런데 주가가 이러한 흐름을 나타내지 못하고 조정 국면에서 최근 전환점(상승 추세 칸에서 빨간색 밑줄이 그어진 가격) 수준보다 3포인트 이상 낮은 가격에 매매된다면 이는 상승 추세가 끝났다는 의미다.

10-c. 하락 추세에도 동일한 원칙이 적용된다. 정상적 반등이 끝난 이후에는 가격을 다시 하락 추세 칸에 기록하면 된다. 그런데 새로 기록한 가격이 최근 전환점(검은색 밑줄이 그어진 가격) 수준보다 3포인트 이상 낮다면 이는 하락 추세가 재개된다는 확실한 신호다.

10-d. 주가가 이러한 추세로 나가지 않고 반등 국면에서 최근 전환점(하락 추세 칸에서 검은색 밑줄이 그어진 가격)보다 3포인트 이상 높은 가격으로 매매된다면 이는 하락 추세가 끝났다는 의미다.

10-e. 정상적 반등 칸에 가격을 기록하다가 상승 추세 칸의 최근 전환점(빨간색 밑줄이 그어진 가격)을 약간 밑도는 수준에서 반등이 끝나고, 그 가격에서 3포인트 이상 조정을 받는다면 이는 이 주식의 상승 추세가 끝났음을 의미하는 위험 신호다.

10-f. 정상적 조정 칸에 가격을 기록하다가 하락 추세 칸의 최근 전환점(검은색 밑줄이 그어진 가격)을 약간 웃도는 수준에서 조정이 끝나고, 그 가격에서 3포인트 이상 반등한다면 이는 이 주식의 하락 추세가 끝났음을 의미하는 신호다.

차트 1

CHART ONE

	부차적 반등	정상적 반등	상승 추세	하락 추세	정상적 조정	부차적 조정	부차적 반등	정상적 반등	상승 추세	하락 추세	정상적 조정	부차적 조정	부차적 반등	정상적 반등	상승 추세	하락 추세	정상적 조정	부차적 조정
		65 3/4							57						122 3/4			
				48 1/2							43 1/4					91 3/4		
		62 1/8							65 7/8						128			
				48 1/4							50 1/8						98 3/8	
1938								56 7/8										
DATE			US스틸						베슬리헴철강						핵심 가격			
MAR 23				47								50 1/4					97 1/4	
24																		
25				44 3/4						46 3/4						91 1/2		
SAT 26				44						46						90		
28				43 5/8												89 5/8		
29				39 5/8						43						82 5/8		
30				39						42 1/8						81 1/8		
31				38						40						78		
APR 1																		
SAT 2		43 1/2						46 3/8						89 7/8				
4																		
5																		
6																		
7																		
8																		
SAT 9		46 1/2						49 3/4						96 1/4				
11																		
12																		
13		47 1/4												97				
14		47 1/2												97 1/4				
SAT 16		49						52						101				
18																		
19																		
20																		
21																		
22																		
SAT 23																		
25																		
26																		
27																		
28					43													
29					42 3/8						45						87 3/8	
SAT 30																		
MAY 2					41 1/2						44 1/4						85 3/4	
3																		
4																		

- 4월 2일에 정상적 반등 칸에 가격을 기록하기 시작했다(기록표 작성 규칙 설명 6-c 참조). 하락 추세 칸에 적힌 가장 최근 가격에 검은색으로 밑줄을 그었다(규칙 설명 4-c 참조).
- 4월 28일에 정상적 조정 칸에 가격을 기록하기 시작했다(규칙 설명 4-d 참조).

차트 2

CHART TWO

	부차적 반등	정상적 반등	상승 추세	하락 추세	정상적 조정	부차적 조정	부차적 반등	정상적 반등	상승 추세	하락 추세	정상적 조정	부차적 조정	부차적 반등	정상적 반등	상승 추세	하락 추세	정상적 조정	부차적 조정
				38						40						78		
		49						52						101				
1938					41½						44¼						85¾	
DATE				US스틸						베슬리헴철강						핵심 가격		
MAY 5																		
6																		
SAT. 7																		
9																		
10																		
11																		
12																		
13																		
SAT. 14																		
16																		
17																		
18																		
19																		
20																		
SAT. 21																		
23											44⅛						85⅝	
24											43½						85	
25					41⅜						42½						83⅞	
26					40⅛						40½						80⅝	
27					39⅞					39¾							79⅝	
SAT. 28																		
31					39¼												79	
JUNE 1																		
2																		
3																		
SAT. 4																		
6																		
7																		
8																		
9																		
10							46½											
SAT. 11																		
13																		
14																		
15																		
16																		

- 표 상단에 제시된 가격(밑줄 표시된 가격)은 전환점 확인을 위해 이전 표(차트 1)에서 이월해서 기록한 것이다.
- 5월 5일부터 21일까지는 가격 기록이 없다. 정상적 조정 칸에 기록한 가장 최근 가격보다 낮은 가격이 없었기 때문이다. 표에 기록할 만큼의 주가 반등도 없었다.
- 5월 27일에 베슬리헴철강회사의 가격을 빨간색 펜으로 기록했다. 하락 추세 칸에 기록한 이전 가격보다 낮은 가격이 형성됐기 때문이다(규칙 설명 6-e 참조).
- 6월 2일에 베슬리헴철강회사는 43달러에 매수했다(규칙 설명 10-d 참조). 같은 날 US스틸은 42.25달러에 매수했다(규칙 설명 10-f 참조).
- 6월 10일에 베슬리헴철강회사의 가격을 부차적 반등 칸에 기록했다(규칙 설명 6-g 참조).

차트 3

CHART THREE

	부차적 반등	정상적 반등	상승 추세	하락 추세	정상적 조정	부차적 조정	부차적 반등	정상적 반등	상승 추세	하락 추세	정상적 조정	부차적 조정	부차적 반등	정상적 반등	상승 추세	하락 추세	정상적 조정	부차적 조정
				38						40						78		
		49						52						101				
					39 1/4					39 3/4							79	
1938							46 1/2											
DATE			US스틸						베슬리헴철강						핵심 가격			
JUNE																		
SAT.18																		
20	45 3/8						48 1/4						93 5/8					
21	46 1/2						49 7/8						96 3/8					
22	48 1/2						50 7/8						99 3/8					
23		51 1/4						53 1/4						104 1/2				
24			53 3/4						55 1/8						108 7/8			
SAT.25			54 7/8						58 1/8						113			
27																		
28																		
29			56 7/8						60 1/8						117			
30			58 3/8						61 5/8						120			
JULY 1			59												120 5/8			
SAT.2			60 7/8						62 1/2						123 3/8			
5																		
6																		
7			61 3/4												124 1/4			
8																		
SAT.9																		
11					55 5/8						56 3/4						112 3/8	
12					55 1/2												112 1/4	
13																		
14																		
15																		
SAT.16																		
18																		
19			62 3/8						63 1/8						125 1/2			
20																		
21																		
22																		
SAT.23																		
25			63 1/4												126 3/8			
26																		
27																		
28																		
29																		

- 6월 20일에 US스틸의 가격을 부차적 반등 칸에 기록했다(규칙 설명 6-g 참조).
- 6월 24일에 US스틸과 베슬리헴철강회사의 가격을 검은색 펜으로 상승 추세 칸에 기록했다(규칙 설명 5-a 참조).
- 7월 11일에 US스틸과 베슬리헴철강회사의 가격을 정상적 조정 칸에 기록했다(규칙 설명 6-a, 4-a 참조).
- 7월 19일에 US스틸과 베슬리헴철강회사의 가격을 검은색 펜으로 상승 추세 칸에 기록했다. 이들 가격이 동일 칸에 기록한 가장 최근 가격보다 높았기 때문이다(규칙 설명 4-a 참조).

차트 4

CHART FOUR

부차적반등	정상적반등	상승추세	하락추세	정상적조정	부차적조정	부차적반등	정상적반등	상승추세	하락추세	정상적조정	부차적조정	부차적반등	정상적반등	상승추세	하락추세	정상적조정	부차적조정
		$61\frac{3}{4}$						$62\frac{1}{2}$						$124\frac{1}{4}$			
				$55\frac{1}{2}$						$56\frac{3}{4}$						$112\frac{1}{4}$	
		$63\frac{1}{4}$						$63\frac{1}{8}$						$126\frac{5}{8}$			

1938 DATE — US스틸 / 베슬리헴철강 / 핵심 가격

DATE																		
SAT. JUL.30																		
AUG.1																		
2																		
3																		
4																		
5																		
SAT.6																		
8																		
9																		
10																		
11																		
12				$56\frac{5}{8}$						$54\frac{7}{8}$						$111\frac{1}{2}$	
SAT.13				$56\frac{1}{2}$						$54\frac{5}{8}$						$111\frac{1}{8}$	
15																		
16																		
17																		
18																		
19																		
SAT.20																		
22																		
23																		
24	$61\frac{5}{8}$						$61\frac{3}{8}$						123					
25																		
26	$61\frac{7}{8}$						$61\frac{1}{2}$						$123\frac{3}{8}$					
SAT.27																		
29				$56\frac{1}{8}$						55						—		
30																		
31																		
SEP.1																		
2																		
SAT.3																		
6																		
7																		
8																		
9																		
SAT.10																		

- 8월 12일에 US스틸의 가격을 부차적 조정 칸에 기록했다. 가격이 정상적 조정 칸에 기록한 가장 최근 가격보다 낮지 않았기 때문이다. 같은 날 베슬리헴철강회사의 가격을 정상적 조정 칸에 기록했다. 가격이 정상적 조정 칸에 기록한 가장 최근 가격보다 낮았기 때문이다.
- 8월 24일에 US스틸과 베슬리헴철강회사의 가격을 정상적 반등 칸에 기록했다(규칙 설명 6-d 참조).
- 8월 29일에 US스틸과 베슬리헴철강회사의 가격을 부차적 조정 칸에 기록했다(규칙 설명 6-h 참조).

차트 5

CHART FIVE

날짜	부차적반등	정상적반등	상승추세	하락추세	정상적조정	부차적조정	부차적반등	상승추세	하락추세	정상적조정	부차적조정	부차적반등	상승추세	하락추세	정상적조정	부차적조정
			$63\frac{1}{4}$					$63\frac{1}{8}$					$126\frac{5}{8}$			
					$55\frac{1}{2}$					$54\frac{3}{8}$					$111\frac{1}{8}$	
						$61\frac{1}{2}$					$123\frac{3}{8}$					
			$61\frac{7}{8}$					$56\frac{1}{8}$					55			
1938 DATE	US스틸						베슬리헴철강					핵심 가격				
SEPT.12																
13			$54\frac{1}{4}$					$53\frac{5}{8}$					$107\frac{7}{8}$			
14				52					$52\frac{1}{2}$					$104\frac{1}{2}$		
15																
16																
SAT.17																
19																
20			$57\frac{5}{8}$					$58\frac{1}{4}$								
21			58											$116\frac{1}{4}$		
22																
23																
SAT.24				$51\frac{3}{8}$					52					$103\frac{7}{8}$		
26				$51\frac{1}{8}$					$51\frac{1}{4}$					$102\frac{3}{8}$		
27																
28				$50\frac{7}{8}$					51					$101\frac{7}{8}$		
29	$57\frac{1}{8}$							$57\frac{3}{8}$					$114\frac{7}{8}$			
30	$59\frac{1}{4}$							$59\frac{1}{2}$					$118\frac{3}{8}$			
SAT. OCT.1	$60\frac{1}{4}$							60					$120\frac{1}{4}$			
3	$60\frac{3}{8}$							$60\frac{3}{8}$					$120\frac{3}{4}$			
4																
5			62					62					124			
6			63					63					126			
7																
SAT.8			$64\frac{1}{4}$					64					$128\frac{1}{4}$			
10																
11																
13			$65\frac{3}{8}$					$65\frac{1}{8}$					$130\frac{1}{2}$			
14																
SAT.15																
17																
18																
19																
20																
21																
SAT.22			$65\frac{7}{8}$					$67\frac{1}{2}$					$133\frac{3}{8}$			
24			66													$133\frac{1}{2}$

- 9월 14일에 US스틸의 가격을 하락 추세 칸에 기록했다(규칙 설명 5-b 참조). 같은 날 베슬리헴철강회사의 가격을 정상적 조정 칸에 기록했다. 빨간색 밑줄이 그어진 이전 가격보다 3포인트 이상 낮은 수준에 이르지 않았기 때문에 계속해서 정상적 조정 칸에 기록한 것이다.
- 9월 20일에 US스틸과 베슬리헴철강회사의 가격을 정상적 반등 칸에 기록했다(US스틸은 규칙 설명 6-c, 베슬리헴철강회사는 6-d 참조).
- 9월 24일에 US스틸의 가격을 빨간색 펜으로 하락 추세 칸에 기록했다. 이 칸에 새로 기록한 가격이다.
- 9월 29일에 US스틸과 베슬리헴철강회사의 가격을 부차적 반등 칸에 기록했다(규칙 설명 6-g 참조).
- 10월 5일에 US스틸의 가격을 검은색 펜으로 상승 추세 칸에 기록했다(규칙 설명 5-a 참조).
- 10월 8일에 베슬리헴철강회사의 가격을 검은색 펜으로 상승 추세 칸에 기록했다(규칙 설명 6-d 참조).

차트 6

CHART SIX

	US스틸						베슬리헴철강						핵심 가격				
DATE	부차적반등	정상적반등	상승추세	하락추세	정상적조정	부차적조정	부차적반등	정상적반등	상승추세	하락추세	정상적조정	부차적조정	부차적반등	정상적반등	상승추세	하락추세	정상적조정
1938			66						67 1/2						133 1/2		
OCT.25			66 6/8						67 7/8						134		
26																	
27			66 1/2						68 7/8						135 3/8		
28																	
SAT.29																	
31																	
NOV.1									69						135 1/2		
2																	
3									69 1/2						136		
4																	
SAT.5																	
7			66 3/4						71 7/8						138 5/8		
9			69 1/2						75 3/8						144 7/8		
10			70						75 1/2						145 1/2		
SAT.12			71 1/4						77 5/8						148 5/8		
14																	
15																	
16																	
17																	
18					65 1/8						71 7/8						137
SAT.19																	
21																	
22																	
23																	
25																	
SAT.26					63 1/4						71 1/2						134 3/4
28				61						68 7/8						129 7/8	
29																	
30																	
DEC.1																	
2																	
SAT.3																	
5																	
6																	
7																	
8																	

- 11월 18일에 US스틸과 베슬리헴 철강회사의 가격을 정상적 조정 칸에 기록했다(규칙 설명 6-a 참조).

차트 7

CHART SEVEN

	부차적 반등	정상적 반등	상승 추세	하락 추세	정상적 조정	부차적 조정	부차적 반등	정상적 반등	상승 추세	하락 추세	정상적 조정	부차적 조정	부차적 반등	정상적 반등	상승 추세	하락 추세	정상적 조정	부차적 조정
			71¼						77⅝						148⅞			
					61						68¾						129¾	
1938																		
DATE			US스틸						베슬리헴철강						핵심 가격			
DEC.9																		
SAT 10																		
12																		
13																		
14		66⅝						75¼						141⅞				
15		67⅛						76⅜						143½				
16																		
SAT 17																		
19																		
20																		
21																		
22																		
23																		
SAT.24																		
27																		
28		67¾							78					145¾				
29																		
30																		
SAT.31																		
1939 JAN.3																		
4		70							80						150			
5																		
6																		
SAT. 7																		
9																		
10																		
11												73¾						
12						62⅝						71½						134⅛
13																		
SAT.14																		
16																		
17																		
18																		
19																		
20																		
SAT.21						62						69½						131½

- 12월 14일에 US스틸과 베슬리헴철강회사의 가격을 정상적 반등 칸에 기록했다(규칙 설명 6-d 참조).
- 12월 28일에 베슬리헴철강회사의 가격을 검은색 펜으로 상승 추세 칸에 기록했다. 같은 칸에 기록한 이전의 최근 가격보다 높은 가격을 형성했기 때문이다.
- 리버모어 방법론에 따르면 1월 4일에 새로운 시장 추세가 나타났다(규칙 설명 10-a, 10-b 참조).
- 1월 12일에 US스틸과 베슬리헴철강회사의 가격을 부차적 조정 칸에 기록했다(규칙 설명 6-h 참조).

차트 8

CHART EIGHT

	부차적 반등	정상적 반등	상승 추세	하락 추세	정상적 조정	부차적 조정	부차적 반등	정상적 반등	상승 추세	하락 추세	정상적 조정	부차적 조정	부차적 반등	정상적 반등	상승 추세	하락 추세	정상적 조정	부차적 조정
			71¼						77⅝						148⅞			
					61						68¾						129¾	
		70							80						150			
1939						62						69½						131½
DATE			US스틸						베슬리헴철강						핵심 가격			
JAN.23				57⅞						63¾						121⅝		
24				56½						63¼						119¾		
25				55⅝						63						118⅝		
26				53¼						60¼						113½		
27																		
SAT.28																		
30																		
31		59½						68½						128				
FEB.1																		
2		60												128½				
3																		
SAT.4		60⅝						69						129⅝				
6								69⅞						130¾				
7																		
8																		
9																		
10																		
SAT.11																		
14																		
15																		
16								70¾						131⅝				
17		61⅛						71¼						132⅜				
SAT.18		61¼												132½				
20																		
21																		
23																		
24		62¼						72⅜						134⅝				
SAT.25		63¾						74¾						138½				
27																		
28		64¾						75						139¾				
MAR.1																		
2																		
3		64⅞						75¼						140				
SAT.4								75½						140⅜				
6																		
7																		

- 1월 23일에 US스틸과 베슬리헴철강회사의 가격을 하락 추세 칸에 기록했다(규칙 설명 5-b 참조).
- 1월 31일에 US스틸과 베슬리헴철강회사의 가격을 정상적 반등 칸에 기록했다(규칙 설명 6-c, 4-c 참조).

차트 9

CHART NINE

DATE	부차적반등	정상적반등	상승추세	하락추세	정상적조정	부차적조정	부차적반등	정상적반등	상승추세	하락추세	정상적조정	부차적조정	부차적반등	정상적반등	상승추세	하락추세	정상적조정	부차적조정
1939		64⁷/₈		53¹/₂				75¹/₂		60¹/₄				140⁷/₈		113¹/₂		
		US스틸						베슬리헴철강						핵심 가격				
MAR 8		65												140¹/₂				
9		65¹/₂						75⁷/₈						141⁷/₈				
10																		
SAT 11																		
13																		
14																		
15																		
16				59⁵/₈						69¹/₄						128⁷/₈		
17				56³/₈						66³/₈						123¹/₂		
SAT 18				54³/₄						65						119³/₄		
20																		
21																		
22				53¹/₂						63⁵/₈						117⁷/₈		
23																		
24																		
SAT 25																		
27																		
28																		
29																		
30				52¹/₈						62						114⁷/₈		
31				49⁷/₈						58³/₄						108⁵/₈		
APR SAT 1																		
3																		
4				48¹/₄						57⁵/₈						105⁷/₈		
5																		
6				47¹/₄						55¹/₂						102³/₈		
SAT 8				49⁷/₈						52¹/₂						97³/₈		
10																		
11					44³/₄						51⁵/₈						96	
12																		
13																		
14																		
SAT 15		50						58¹/₂						108¹/₂				
17																		
18																		
19																		

- 3월 16일에 US스틸과 베슬리헴철강회사의 가격을 정상적 조정 칸에 기록했다(규칙 설명 6-b 참조).
- 3월 30일에 US스틸의 가격을 하락 추세 칸에 기록했다. 같은 칸에 기록한 이전 가격보다 낮은 가격을 형성했기 때문이다.
- 3월 31일에 베슬리헴철강회사의 가격을 하락 추세 칸에 기록했다. 같은 칸에 기록한 이전 가격보다 낮은 가격을 형성했기 때문이다.
- 4월 15일에 US스틸과 베슬리헴철강회사의 가격을 정상적 반등 칸에 기록했다(규칙 설명 6-c 참조).

차트 10

CHART TEN

	부차적 반등	정상적 반등	상승 추세	하락 추세	정상적 조정	부차적 조정	부차적 반등	정상적 반등	상승 추세	하락 추세	정상적 조정	부차적 조정	부차적 반등	정상적 반등	상승 추세	하락 추세	정상적 조정	부차적 조정
				44 3/8						51 5/8						96		
1939		50						58 1/2						108 1/2				
DATE			US스틸						베슬리헴철강						핵심 가격			
APR 20																		
21																		
SAT 22																		
24																		
25																		
26																		
27																		
28																		
SAT 29																		
MAY 1																		
2																		
3																		
4																		
5																		
SAT 6																		
8																		
9																		
10																		
11																		
12																		
SAT 13																		
15																		
16																		
17					44 5/8						52						96 5/8	
18				43 1/4												95 1/4		
19																94 7/8		
SAT 20																		
22																		
23																		
24																		
25	48 3/4						57 3/4						106 1/2					
26	49						58						107					
SAT 27	49 3/8							—					107 7/8					
29		50 1/4						59 3/8						109 5/8				
31		50 7/8						60						110 7/8				
JUNE 1																		

- 5월 17일에 US스틸과 베슬리헴철강회사의 가격을 정상적 조정 칸에 기록했고, 다음 날인 5월 18일에는 US스틸의 가격을 하락 추세 칸에 기록했다(규칙 설명 6-e 참조). 하락 추세 칸에 기록한 US스틸의 가격에 검은색 밑줄을 그었다. 이는 가격이 하락 추세 칸에 기록된 가장 최근 가격과 동일하다는 의미다.
- 5월 25일에 US스틸과 베슬리헴철강회사의 가격을 부차적 반등 칸에 기록했다(규칙 설명 6-g 참조).

차트 11

CHART ELEVEN

부차적 반등	정상적 반등	상승 추세	하락 추세	정상적 조정	부차적 조정	부차적 반등	정상적 반등	상승 추세	하락 추세	정상적 조정	부차적 조정	부차적 반등	정상적 반등	상승 추세	하락 추세	정상적 조정	부차적 조정
			44 3/8						51 5/8						96		
	50						58 1/2						108 1/2				
			43 1/4					—							94 7/8		

DATE									
1939	50 7/8			60			110 7/8		
	US스틸			베슬리헴철강			핵심 가격		
JUNE 2									
SAT 3									
5									
6									
7									
8									
9									
SAT 10									
12									
13									
14									
15									
16				54					
SAT 17									
19									
20									
21									
22									
23									
SAT 24									
26									
27									
28	45			52 1/2			97 1/2		
29	43 3/4			51			94 3/4		
30	43 7/8			50 1/4			93 7/8		
SAT JULY 1									
3									
5									
6									
7									
SAT 8									
10									
11									
12									
13	48 1/4			57 1/4			105 1/2		
14									

- 6월 16일에 베슬리헴철강회사의 가격을 정상적 조정 칸에 기록했다(규칙 설명 6-b 참조).
- 6월 28일에 US스틸의 가격을 정상적 조정 칸에 기록했다(규칙 설명 6-b 참조).
- 6월 29일에 베슬리헴철강회사의 가격을 하락 추세 칸에 기록했다. 이 가격이 하락 추세 칸에 기록한 가장 최근 가격보다 낮았기 때문이다.
- 7월 13일에 US스틸과 베슬리헴철강회사의 가격을 부차적 반등 칸에 기록했다(규칙 설명 6-g 참조).

차트 12

CHART TWELVE

	부차적 반등	정상적 반등	상승 추세	하락 추세	정상적 조정	부차적 조정	정상적 반등	상승 추세	하락 추세	정상적 조정	부차적 반등	정상적 조정	부차적 조정
		$50\frac{7}{8}$		$43\frac{1}{4}$					$51\frac{5}{8}$	$50\frac{1}{4}$	60	$110\frac{7}{8}$	$94\frac{7}{8}$ $93\frac{7}{8}$
					$43\frac{5}{8}$								
1939	$48\frac{1}{4}$						$57\frac{1}{4}$				$105\frac{1}{2}$		
DATE	US스틸					베슬리헴철강				핵심 가격			
SAT. JULY 15													
17		$50\frac{3}{4}$						$60\frac{5}{8}$				$111\frac{7}{8}$	
18		$51\frac{7}{8}$						62				$113\frac{7}{8}$	
19													
20													
21		$52\frac{1}{2}$						63				$115\frac{1}{2}$	
SAT. 22			$54\frac{1}{8}$					65				$119\frac{1}{8}$	
24													
25			$55\frac{1}{8}$					$65\frac{3}{4}$				$120\frac{7}{8}$	
26													
27													
28													
SAT. 29													
31													
AUG. 1													
2													
3													
4				$49\frac{1}{2}$					$59\frac{1}{2}$				109
SAT. 5													
7				$49\frac{1}{4}$									$108\frac{3}{4}$
8													
9									59				$108\frac{1}{4}$
10				$47\frac{3}{4}$					58				$105\frac{3}{4}$
11				47									105
SAT. 12													
14													
15													
16													
17				$46\frac{1}{2}$									$104\frac{1}{2}$
18				45					$55\frac{1}{8}$				$100\frac{1}{8}$
SAT. 19													
21				$43\frac{3}{8}$					$53\frac{3}{8}$				$96\frac{3}{4}$
22													
23				$42\frac{5}{8}$									96
24				$41\frac{5}{8}$					$51\frac{7}{8}$				$93\frac{1}{2}$
25													

- 7월 21일에 베슬리헴철강회사의 가격을 상승 추세 칸에 기록했고, 다음 날인 7월 22일에 US스틸의 가격을 상승 추세 칸에 기록했다(규칙 설명 5-a 참조).
- 8월 4일에 US스틸과 베슬리헴철강회사의 가격을 정상적 조정 칸에 기록했다(규칙 설명 4-a 참조).
- 8월 23일에 US스틸의 가격을 하락 추세 칸에 기록했다. 이 가격이 하락 추세 칸에 기록한 가장 최근 가격보다 낮았기 때문이다.

차트 13

CHART THIRTEEN

	부차적 반등	정상적 반등	상승 추세	하락 추세	정상적 조정	부차적 조정	부차적 반등	정상적 반등	상승 추세	하락 추세	정상적 조정	부차적 조정	부차적 반등	정상적 반등	상승 추세	하락 추세	정상적 조정	부차적 조정
				43 1/4						50 1/4						93 7/8		
			55 1/8						65 3/4						120 7/8			
1939				41 5/8							51 7/8					93 1/2		
DATE			US스틸						베슬리헴철강						핵심 가격			
SAT. AUG. 26																		
28																		
29		48						60 1/2						108 1/2				
30																		
31																		
SEPT. 1		52						65 1/2						117 1/2				
SAT. 2			55 1/4						70 3/8						125 5/8			
5			66 7/8						85 1/2						152 3/8			
6																		
7																		
8			69 3/4						87						156 3/4			
SAT. 9			70						88 3/4						158 3/4			
11			78 5/8						100						178 5/8			
12			82 3/4												182 3/4			
13																		
14					76 3/8						91 3/4						168 1/8	
15																		
SAT. 16					75 1/2						88 3/8						163 7/8	
18					70 1/2						83 3/4						154 1/4	
19		78						92 3/8						170 3/8				
20		80 5/8						95 5/8						176 1/4				
21																		
22																		
SAT. 23																		
25																		
26																		
27																		
28						75 1/8						89						164 1/8
29						73 1/2						86 3/4						160 1/4
SAT. 30																		
OCT. 2																		
3																		
4						73						86 1/4						159 1/4
5																		
6	78 1/2						92 3/4						171 1/4					
SAT. 7																		

- 8월 29일에 US스틸과 베슬리헴철강회사의 가격을 정상적 반등 칸에 기록했다(규칙 설명 6-d 참조).
- 9월 2일에 US스틸과 베슬리헴철강회사의 가격을 상승 추세 칸에 기록했다. 이 가격이 상승 추세 칸에 기록한 가장 최근 가격보다 더 높았기 때문이다.
- 9월 14일에 US스틸과 베슬리헴철강회사의 가격을 정상적 조정 칸에 기록했다(규칙 설명 6-a, 4-a 참조).
- 9월 19일에 US스틸과 베슬리헴철강회사의 가격을 정상적 반등 칸에 기록했다(규칙 설명 6-d, 4-b 참조).
- 9월 28일에 US스틸과 베슬리헴철강회사의 가격을 부차적 조정 칸에 기록했다(규칙 설명 6-h 참조).
- 10월 6일에 US스틸과 베슬리헴철강회사의 가격을 부차적 반등 칸에 기록했다(규칙 설명 6-g 참조).

차트 14

CHART FOURTEEN

	부차적 반등	정상적 반등	상승 추세	하락 추세	정상적 조정	부차적 조정	부차적 반등	정상적 반등	상승 추세	하락 추세	정상적 조정	부차적 조정	부차적 반등	정상적 반등	상승 추세	하락 추세	정상적 조정	부차적 조정
			$82\frac{3}{4}$		$70\frac{1}{2}$				100		$83\frac{3}{4}$				$182\frac{5}{8}$		$154\frac{1}{4}$	
		$80\frac{5}{8}$							$95\frac{5}{8}$					$176\frac{1}{4}$				
				73						$86\frac{1}{4}$						$159\frac{1}{4}$		
1939 DATE	$78\frac{1}{2}$				$92\frac{3}{4}$						$171\frac{1}{4}$							
			US스틸						베슬리헴철강						핵심 가격			
OCT. 9																		
10																		
11																		
13																		
SAT. 14																		
16																		
17	$78\frac{7}{8}$								$93\frac{7}{8}$						$172\frac{3}{4}$			
18	$79\frac{1}{4}$														$173\frac{1}{2}$			
19																		
20																		
SAT. 21																		
23																		
24																		
25																		
26																		
27																		
SAT. 28																		
30																		
31																		
NOV. 1																		
2																		
3					$72\frac{1}{2}$													
SAT. 4																		
6																		
8					$72\frac{1}{8}$					$86\frac{1}{8}$								$158\frac{1}{4}$
9										$83\frac{1}{4}$							$153\frac{3}{4}$	
10				$68\frac{3}{4}$						$81\frac{3}{4}$							$150\frac{1}{2}$	
13																		
14																		
15																		
16																		
17																		
SAT. 18																		
20																		
21																		
22																		

- 11월 3일에 US스틸의 가격을 부차적 조정 칸에 기록했다. 이 가격이 같은 칸에 기록한 가장 최근 가격보다 낮았기 때문이다.
- 11월 9일에 US스틸의 정상적 조정 칸에 대시(-) 표시를 했다. 새 가격이 같은 칸에 기록한 가장 최근 가격과 동일했기 때문이다. 같은 날 베슬리헴철강회사의 정상적 조정 칸에 새 가격을 기록했다. 이 가격이 같은 칸의 가장 최근 가격보다 낮았기 때문이다.

차트 15

CHART FIFTEEN

	부차적 반등	정상적 반등	상승 추세	하락 추세	정상적 조정	부차적 조정	부차적 반등	정상적 반등	상승 추세	하락 추세	정상적 조정	부차적 조정	부차적 반등	정상적 반등	상승 추세	하락 추세	정상적 조정	부차적 조정
			82 3/4						100						182 3/4			
					70 1/2						83 3/4						154 1/4	
		80 5/8						95 5/8						176 1/4				
1939					68 3/4						81 3/4						150 1/2	
DATE			US스틸							베슬리헴철강						핵심 가격		
NOV.24				66 7/8							81					147 7/8		
SAT.25										80 3/4						147 5/8		
27																		
28																		
29				65 7/8						78 1/8						144		
30				63 5/8						77						140 5/8		
DEC.1																		
SAT.2																		
4																		
5																		
6																		
7		69 3/4						84						153 3/4				
8																		
SAT.9																		
11																		
12																		
13																		
14								84 7/8						154 5/8				
15																		
SAT.16																		
18																		
19																		
20																		
21																		
22																		
SAT.23																		
26																		
27																		
28																		
29																		
SAT.30																		
1940 JAN.2																		
3																		
4																		
5																		
SAT.6																		

- 11월 24일에 US스틸의 가격을 하락 추세 칸에 기록했다(규칙 설명 5-b 참조). 다음 날인 11월 25일에 베슬리헴철강회사의 가격을 하락 추세 칸에 기록했다(규칙 설명 5-b 참조).
- 12월 7일에 US스틸과 베슬리헴철강회사의 가격을 정상적 반등 칸에 기록했다(규칙 설명 6-c 참조).

차트 16

CHART SIXTEEN

	부차적 반등	정상적 반등	상승 추세	하락 추세	정상적 조정	부차적 조정	부차적 반등	정상적 반등	상승 추세	하락 추세	정상적 조정	부차적 조정	부차적 반등	정상적 반등	상승 추세	하락 추세	정상적 조정	부차적 조정
				63 5/8						77						140 5/8		
1940		69 3/4						84 7/8						154 5/8				
			US스틸						베슬리헴철강						핵심 가격			
JAN. 8																		
9					64 1/4						78 1/2						142 3/4	
10					63 3/4												142 1/4	
11				62						76 1/2						138 1/2		
12				60 1/8						74 1/8						134 1/4		
SAT. 13				59 5/8						73 1/2						133 1/8		
15				57 1/2						72						129 1/2		
16																		
17																		
18				56 7/8						71 1/2						128 3/8		
19										71						127 7/8		
SAT. 20																		
22				55 7/8						70 1/8						126		
23																		
24																		
25																		
26																		
SAT. 27																		
29																		
30																		
31																		
FEB. 1																		
2																		
SAT. 3																		
5																		
6																		
7								76 3/8										
8		61						78						139				
9		61 3/4						79 1/2						141 1/4				
SAT. 10																		
13																		
14																		
15																		
16					56 1/8													
SAT. 17																		
19																		

- 1월 9일에 US스틸과 베슬리헴철강회사의 가격을 정상적 조정 칸에 기록했다(규칙 설명 6-b 참조).
- 1월 11일에 US스틸과 베슬리헴철강회사의 가격을 하락 추세 칸에 기록했다. 이 가격이 하락 추세 칸에 기록한 가장 최근 가격보다 더 낮았기 때문이다.
- 2월 7일에 베슬리헴철강회사의 가격이 6포인트 반등했으므로 정상적 반등 칸에 기록했다. 다음 날 베슬리헴철강회사 가격에 더해 US스틸 가격을 기록했고 기록 요건을 충족한 핵심 가격도 기록했다.

How to trade in Stocks

3부

제시 리버모어의 투자 어록

시장에 대한 태도

"어떻게 하면 주식으로 돈을 벌 수 있을까요?"라는 질문에 나는 이렇게 대답한다. "나도 모릅니다."

개인의 생각이나 의견은 틀릴 수 있어도 시장은 절대 틀리지 않는다.

특정 종목이나 종목군(업종)의 향후 동향에 대한 판단을 내렸더라도 조급하게 행동하지 마라.

'시장 행동'에서 이상 신호가 포착되지 않는 한 자신의 판단을 믿고 담대하게 현재의 포지션을 유지하라.

주목할 만한 흐름이 형성됐다는 사실을 인식했으면 투기라는 '배'를 띄워 그 흐름을 잘 타기만 하면 된다.

특정 업종 내 한 종목이 주요 추세와 반대로 움직인다는 사실 하나를 시장 전체의 흐름으로 확대 해석하지 마라.

참고 기다리면 시장이 다 알아서 내가 들어갈 시점과 나갈 시점을 알려주는 신호를 보내준다.

시장 상황을 정확히 포착해 투자에 성공하는 가장 좋은 방법은 업종에 대한 조사를 철저히 해서 좋은 종목과 나쁜 종목을 골라내는 것이다. 요컨대 유망한 종목을 매수하고 그렇지 못한 종목은 매도하면 된다.

주식시장에서 성공하는 '절대 비법' 따위는 없다. 내가 아는 한 일반 투자자가 시장에서 성공하는 유일한 방법은 투자에 나서기 전에 먼저 조사부터 하는 것이다. 즉 철저한 조사를 바탕으로 투자에 나서야 한다.

초강세장에서 주식시장에 대해 무지한 초보들은 맹목적으로 '묻지마 매수'를 한다.

시장은 경마와 같다. 한 번은 이겨서 돈을 벌 수 있을지 몰라도 경마에서 매번 돈을 딸 수는 없다.

어떤 주식이 일반적인 시장 흐름에 역행한다면 그 종목에 무언가 문제가 있다고 추정하는 것이 합당하다.

투기를 목적으로 주식을 사고파는 사람들의 수는 엄청나지만 투기 거래에서 수익을 내는 사람은 극히 적다. 군중은 어느 정도까지는 항상 시장 안에 머물러 있기 때문에 언제나 손실을 입기 마련이다.

무엇보다 해로운 것은 신문과 시세 정보 표시기를 이용하여 가짜 강세 정보를 유포하는 것이다. 날짜를 불문하고 경제뉴스 기사들을 보면 그 안에 얼마나 반대 정보가 많은지 알고 놀랄 것이다. '유력한 내부자', '핵심 인원', '고위 간부' 또는 '권위자'가 그 출처라고 밝힌다.

만약 보유하고 있는 주식의 가격이 폭락한다면 그 주식을 매도하는 것이 당연하다. 하지만 주가 폭락이 주가 조작자의 습격에 의한 결과라면 그 주식에서 빠져나오는 것은 현명하지 못한 대응이다. 습격을 멈추는 순간, 주가는 튀어오르기 때문이다. 이것이 반대 정보이다.

어떤 종류의 주가 조작도 실질적으로는 모든 개별 종목의 상승에 관여하여 이뤄지며, 그러한 주가의 상승은 내부자들에 의해 교묘하게 꾀해진다.

한 종목에만 의존하면 전반적 추세를 잘못 판단할 위험이 있다.

가치를 창출할 수 있는 정보는 말이 없는 '핵심 내부자들'이 시장에 참여해서 싼 주식을 모두 매수할 때까지 조심스럽게 일반인들에게는 감춰진다.

군중은 주가가 상승할 것이라는 말을 믿고 주식을 매수하여 줄곧 손실을 보지만, 주식 매도를 단념시키려는 말에 손실을 입기도 한다.

'핵심 내부자'가 매도하고 싶은 주식을 사람들이 매수하는 것 다음으로 좋은 일은 사람들이 사놓은 주식을 매도하지 않는 것이다.

강세장, 특히 활황장에서는 군중이 가장 먼저 돈을 벌지만 이후 지나치게 오래 강세장에 머물기 때문에 돈을 잃는다.

익명의 내부자들이 주가 하락의 원인에 대해 설명할 때는 군중이 그것을 믿기를 바란다는 점을 반드시 기억해야 한다.

진짜 추세라면 하루 혹은 일주일 만에 끝나지 않는다.
확실한 추세가 형성된 시장에서도 중간중간 수많은 주가의 변동이 일어난다.

주가 움직임에는 다 그럴만한 이유가 있다는 점을 명심하라.

현 상태에서 향후 장세를 예측할 때 전망이 가장 좋은 업종을 선택한다. 물론 앞으로의 변화 추세를 꼼꼼히 살피면서 예상 결과를 수정하는 일도 반드시 필요하다.

대형 투자자와 선도적 투자자들은 어느 시점에 어떠한 주식을 팔아야 하는지, 또 특정 시점에 팔릴 수 있는 주식이 무엇인지 명확히 알고 있다.

시장은 최소 저항선을 따라 움직이고 수요가 공급을 초과하면 저항선은 상승한다.

수많은 참여자가 시장에 대해 어떤 생각을 갖고 있는지는 시장에 영향을 주지 않는다. 그러나 이 사람들이 실제로 매수 및 매도 행동에 나서거나 혹은 행동에 나서지 못한다면 즉각적으로 시장에 영향을 미친다.

매매에 임하는 원칙

한 종목에 너무 집착하지 마라.

확실한 사실을 근거로 자신의 생각을 정리하고 행동의 방향을 정하라.

투자나 투기에서 성공하려면 관심 종목의 주가 흐름을 예측하는 나름의 기준이 있어야 한다.

투기란 앞으로의 주가 흐름이나 시장 동향을 예측하는 일 그 이상도 이하도 아니다.

손실이 확실한 거래보다는 승산이 조금이라도 있는 쪽에 걸어라.

초과 수입을 관리할 때 어느 누구에게도 맡기지 마라. 다른 누구도 아닌 자신의 돈이라는 점을 명심하라. 그 돈은 스스로 지켜야 수중에 남는다.

내부 정보를 경계하라. 내부 정보는 전부 다!

상승장이나 하락장이 분명히 예상되는 상황이라도, 시장 행동을 관찰한 결과 자신의 생각이 옳다는 확신이 들기 전까지는 자신의 생각을 믿지 말고 판단을 보류하라.

이익은 그냥 놔둬도 스스로 알아서 커지지만, 손실은 절대 그렇지 않다. 투기자는 처음에 작은 손실이 났을 때 바로 손실을 실현함으로써 앞으로 더 큰 손실을 감당해야 하는 상황을 미연에 방지해야 한다.

'투자' 개념에 내포되어 있는 안전 속성을 과신하지 마라.

첫 매매에서 손실이 났으면 미련을 버리고 똑같은 실수를 다시 저지르지 마라. 평균 매수 단가를 낮춰보겠다고 추가 매수에 나서는 우를 범하지 마라.

빈번한 매매는 잦은 실수로 이어지고 기회를 노리는 투기자는 이러한 실수에서 이익을 챙긴다.

한꺼번에 너무 많은 종목에 관심을 두는 것은 위험하다.

특정 업종의 주가 흐름이 확연히 감지될 때 행동에 나서라.

주가 흐름을 분석할 때 관찰 대상은 당일 선도주로 한정해야 한다. 이 선도주에서 이익을 내지 못하면 전체 시장에서도 이익을 내지 못한다.

되도록 소수 업종에 초점을 맞춰라. 그러면 전체 시장을 분석하려 할 때보다 시장 흐름이 훨씬 명확히 눈에 들어온다.

판단이 잘못됐다는 실수를 깨달았으면 미련을 두지 말고 바로 시장에서 나와야 한다. 이미 발생한 손실 때문에 속 쓰려 하지 말고 담담하게 주가 기록표를 살펴보면서 실수의 원인을 찾아보고 다음 기회를 노려라.

특정 주식을 매수하거나 매도해야 하는 '충분한 이유'가 확실해질 때까지 기다렸다가는 행동의 최적기를 놓치고 만다! 투기자나 투자자가 행동의 기준으로 삼을 중요한 '이유'는 '시장 자체의 움직임'뿐이다.

주식을 매수할 때 '유망한' 종목과 '유의할' 종목을 제대로 골라내는 안목이 얼마나 중요한지는 아무리 강조해도 지나치지 않다.

약세 종목은 아예 피하는 것이 상책이다. 특히 확실한 재정 기반이 없는 저가 주식은 반드시 피해야 한다.

종목을 선택할 때는 모든 상품의 수요가 같은 시점에서 동시에 발생하지는 않는다는 점을 기억해야 한다. 다시 말해 상품마다 수요가 발생하는 시점이 다를 수 있다. 모든 것에는 저마다 가장 잘 나가는, 이른바 성수기와 제철이라는 것이 있다.

투자자가 앞으로의 추세 변화를 예측하지 못하면 잘 나갈 때 최고가를 경신했다가 이내 곤두박질쳐버리는 수많은 종목에 발목이 잡혀 큰 낭패를 볼 가능성이 크다.

우량 종목은 때가 되면 그동안 인내한 부분이 아깝지 않을 만큼 가격이 충분히 상승한다.

최강세 업종에서 가장 잘 나가는 기업을 선택하라. 오로지 희망 하나만을 믿고 주식을 사는 일은 하지 마라. 그리고 가격이 상승할 기미가 보일 때만 매수에 나서라.

주식시장에서 전업 투자자로 살아남으려면 자신과 자신의 판단력을 신뢰해야 한다. 다른 사람의 매매 지침을 듣고 따른다면 누구도 큰 부자가 될 수 없다.

매매하는 방법을 알지 못하는 상태에서 수백 달러를 버는 것보다 매매하는 방법을 깨우친 후 수백만 달러를 버는 것이 훨씬 더 쉽다.

경계를 철저히 하고 있다가 문에서 기회가 머리를 내밀거든 필사적으로 낚아채야 한다.

매매로 이익을 실현한 후에는 일단 인내심을 발휘하며 잠시 숨 고르기를 할 시점이다. 단 위험 신호를 무시해서는 안 된다.

비정상적인 주가 흐름이 나타난다면 위험 신호로 간주해야 하며, 이 신호를 무시해서는 안 된다. 위험 신호가 포착되면 시장에서 발을 뺄 용기와 분별력이 필요하다.

추가 증거금 납입 요청을 받으면 이에 응하지 말고 바로 계좌를 폐쇄하라. 추가 증거금 납입 요청을 받았다는 자체가 자신의 시장 판단이 잘못됐다는 신호다.

운 좋게도 원래 자본을 두 배로 늘렸다면, 그 즉시 이익의 절반은 따로 떼어 예비 자금으로 비축해야 한다.

공매도의 경우 이전 매도가격보다 낮은 가격이 아니라면 추가 매도를 하지 마라.

매매에서 이익이 났다는 사실 자체가 시장 흐름에 대한 자신의 판단이 옳았음을 보여주는 증거다.

되도록 위험선(위험 지점)에 최대한 근접한 지점에서 거래하려고 노력하라. 그리고 위험선에 근접했는지 살펴보면서 내 판단이 잘못됐다는 생각이 들면 서둘러 거래를 종료한다.

최소 예상 이익이 10포인트가 되지 않으면 거래에 나서지 않는다.

자신이 정한 포지션을 취한 후 중요한 가격 변동이 일어날 때까지 기다린다. 주가가 자신에게 유리한 방향으로 움직이면 최대한 이익이 발생할 때까지 포지션을 유지한다.

원하던 주가 흐름을 타지 못하는데도 빨리 팔아치우지 않고 마냥 보유하는 주식이야말로 투자자의 운용자본을 잡아먹는 가장 파괴적인 요소다.

가격 변동 방향에 대한 판단이 잘못됐다 싶을 때 손실 기준선에서 1~2포인트가 넘어가면 해당 포지션을 더는 유지하지 않는다. 또 예상했던 기간 내에 원하던 흐름이 나타나지 않으면 2일 이상 기다리지 않고 거래를 종료한다.

가격 변동폭이 큰 시장을 선도하는 종목을 선택하라.

매수한 이후 시장이 상승세를 타면 천천히 추가 매수에 나선다. 이는 고도의 신중함과 주의력을 필요로 하는 접근법이다.

특정 상품의 미래 수요를 정확히 예측하고, 필요한 상품을 구매하고, 이익을 실현할 최적기를 기다린다.

투자 마인드

트레이더에게 가장 필수적인 요건 가운데 하나는 바로 평정심이다.

'정보'라는 이름으로 떠돌아다니는 소문을 경계하라.

주가와 시장 흐름이 예측한 방향으로 흘러간다면 성급하게 이익을 실현하려고 하지 마라.

희망에만 의지해 거래를 해야 하는 상황이면 나는 차라리 손을 털고 시장을 나온다.

이익을 내지 못하는 포지션을 계속 유지한다면 다른 기회를 잃는다.

심리학에 대한 지식은 주식 투자자의 정신 무장을 위한 필수 자질이다.

투자자에게 가장 큰 적은 감정에 휘둘리는 것이다.

시장에 들어가기 전에 참을성 있게 흐름을 관망하는 법도 배워야 한다.

재정적 안정성이 보장되지 않은 상황에서는 절대 거래하지 마라.

판단이 잘못됐을 때 구구절절 변명하지 마라. 잘못을 인정하고 그러한 사실에서 교훈을 얻으려 노력하라.

작은 노트를 가지고 다니면서 관심을 둘 만한 시장 정보가 있을 때마다 노트에 적어라. 앞으로의 매매에 도움이 될 만한 생각이나 의견, 수시로 곱씹을 만한 아이디어, 가격 동향에 관한 개인적 관찰 사항 등을 기록하라.

미숙한 투자자가 저지르는 가장 큰 실수 가운데 하나는 단지 싸게 판다는 이유만으로 저가 주식을 산다는 점이다.

투자시장에서 자금을 효율적으로 회전시키지 못하는 것만큼 성공을 꿈꾸는 일반 투자자의 발목을 강하게 잡는 걸림돌도 없을 것이다.

주식시장에서 성공하기 위한 필수 요건은 지식과 인내심이다.

노련한 사람은 기회를 늘리는 일에 도움이 되는 것이면 무엇 하나 소홀히 하지 않으며 모든 것을 이익 창출의 도구로 삼는다. 반면 노련함이 부족한 사람은 한 번의 기회를 무시함으로써 모든 것을 잃는다.

성공하느냐 마느냐는 운에 달렸다고 말하는 사람이 있다. 그러나 이런 사람은 주식시장에 아예 얼씬도 하지 않는 편이 낫다. 태도 자체가 잘못됐다. 주식투자를 하는 일반인의 가장 잘못된 태도는 주식시장을 도박장쯤으로 여긴다는 것이다.

내 성공의 이유를 운으로 돌리는 사람이 많다. 그러나 사실은 내가 운이 좋아서가 아니라 이 일을 하는 15년 동안 이 분야를 아주 열심히 공부했기 때문이다. 그리고 내 인생을 거의 바쳐 이 일에 집중했고 일하는 내내 최선을 다했기 때문이다.

매일 매매하는 것보다 어리석은 것은 없다.

돈을 잃지 않기 위해 무엇을 하지 말아야 하는지 알게 된다면, 승리하기 위해 무엇을 해야 하는지 알게 된 것이다.

강세장에서는 강세론의 관점을, 약세장에서는 약세론의 관점을 취해야 한다.

자신이 저지른 실수에 대해 아는 것은 성공을 연구하는 것만큼이나 보탬이 된다.

사람들은 그저 빨리 부자가 되고 싶어 한다. 하지만 가격이 하락세를 보일 때는 주식을 사지 않고 마냥 기다린다. 그리고 가격이 오르고 있을 때 꼭지 근처에서 산다. 대다수가 그렇다.

투자자가 자신 앞에 펼쳐진 실제 사실들을 자신의 이론에 맞추려는 시도를 한다면 이는 결코 현명하지 못한 일이다. 강세장인지 약세장인지를 알아야 하며, 매수와 매도 중에 무엇을 해야 할지도 알아야 한다.

이길 경우에만 투자 금액의 규모를 늘리고, 질 경우에는 오직 소규모의 실험용 자금만 잃는 것이 현명한 일이다.

시장이 자신의 포지션과 반대로 움직일 때는 그날이 매일매일 마지막 날이 되기를 희망하다가 손실액을 더욱더 늘리게 된다. 그리고 시장이 자신이 원하는 방향으로 움직이고 있을 때는 다음 날이 되면 자신의 이익을 빼앗아갈까 두려워 너무도 빨리 포지션을 정리해버린다.

성공적인 트레이더는 희망과 공포라는 두 가지 본성과 싸워야 한다. 그리고 자연스러운 충동이라는 것을 반대로 뒤집어야 한다. 즉 희망하는 대신 두려워해야 하며, 두려워할 것이 아니라 희망을 가져야 한다.

투기시장에서 아마추어와 전문가의 차이는 사물을 보는 방법이다. 군중은 자신의 노력에 대해 아마추어와 같은 견해를 지니고 있어 생각의 깊이가 없고, 자신을 지나치게 과장한다. 전문가들은 돈을 버는 것보다 자신의 행동이 올바른지에 관심을 가진다. 일에 전념한다면 수익은 저절로 따라온다는 것을 알고 있기 때문이다.

우산도 없이 폭풍우 속을 걸어가며 비에 젖는 것처럼 돈 버는 것을 피할 수 없는 시기가 있다.

비밀 정보에 솔깃하게 되는 이유는 탐욕으로 눈이 멀었기 때문이 아니라 어떠한 생각도 하지 않으려는 게으름 때문이다.

성공 트레이더들은 관찰, 경험, 기억 및 수학적 처리 능력과 같은 요소에 의존해야 한다. 시장을 정확하게 관찰할 뿐만 아니라 항상 자신이 관찰한 것이 무엇인지 기억해야 한다.

성공 트레이더는 비이성적이거나 예기치 못한 사건이 일어나기를 바라고 돈을 걸어서는 안 된다. 반드시 어떤 일이 발생할 확률을 예상하고 그에 따라 돈을 걸어야 한다.

투기꾼에게 치명적인 적은 무지, 탐욕, 공포 그리고 희망이다.

트레이더는 자신이 어느 곳에 있더라도 어떤 사실을 주식시장에서 벌어지는 게임과 반드시 관련지어 생각해야 한다. 돈을 벌 수 있는 방법은 물론이거니와 반드시 손실을 입지 않기 위해 노력해야 한다.

단기적 주가 등락에서 이익을 보는 데만 급급한 투기자는 정말로 큰 이익을 낼 중요한 기회가 왔을 때 이를 활용하지 못한다.

대다수 투기자는 실제 돈을 손에 쥐어보지 않는다. 이렇게 계좌에만 들어 있는 돈은 투기자에게 실체가 없는 무형의 것에 불과하다.

다른 사람의 조언이나 우연히 주워들은 정보를 바탕으로 거래하는 사람들 중에서 큰돈을 버는 경우는 거의 없다.

예측을 믿고 그냥 가보자는 유혹에 빠져 판단력이 흐려지는 것을 경계하라.

눈먼 돈이 주변에 널려 있어도 아무도 그 돈을 억지로 당신의 주머니에 넣어주지는 않는다.

투자자는 저가주에 자금을 몰아넣지 않음으로써 투자 자산의 유동성을 유지해야 한다. 그래야 이후 유망한 투자 기회가 생길 때 그 기회를 놓치지 않고 이용할 수 있다.

내가 어떠한 비상 상황에든 또 어떠한 문제에 직면하든 항상 대비가 돼 있는 듯 보인다면 그것은 내가 어떠한 일이든 오래 전부터 충분히 생각해왔고, 그래서 훗날 벌어질 만한 일을 예측하고 있었기 때문이다.

How to trade in Stocks

4부

리처드 와이코프, 제시 리버모어를 만나다

위대한 트레이더를 만나다

조직화된 사회나 산업에는 각 계층을 이끄는 리더(선도자 혹은 지도자)가 있다. 그리고 이 리더는 자신이 속한 집단의 수많은 속성을 적절히 결합하는 능력을 발휘하는 인물로서 구성원 중 단연 눈에 띄는 존재라고 할 수 있다. 리더는 누군가의 선택이나 선출로 정해지는 것이 아니다. 리더는 스스로의 노력으로 가장 높은 자리에 오른다. 리더는 승산이 있든 없든 온 힘을 다해 열심히 싸우고, 장애물이 생길 때면 두 배로 더 열심히 노력한다.

흔히 하는 말처럼 리더 중에는 남보다 더 빨리 그 자리에 오르는 사람이 있고, 뛰어난 책략으로 리더가 되는 사람도 있다. 그러나 리더가 되기까지의 시간이 길었든 짧았든 간에 일단 그 자리에 오르고 나면 그 명성은 마치 번개처럼 삽시간에 대중에 알려진다.

대중 앞에 세울 새로운 우상을 끊임없이 찾아다니는 언론 덕분에 이 리더에 대한 명성은 순식간에 퍼져 나간다.

베일에 싸인 투기 분야의 독보적인 트레이더

언론은 리더의 업적을 조명하여 이들의 업적을 모두가 공유할 수 있는 일종의 공공자산으로 만들어 리더가 사용한 방법론, 원칙, 믿음을 거의 모든 경우에 적용하려 한다. 리더에 대한 대중의 끊일 줄 모르는 관심과 궁금증을 해소해주기 위해 세상에서 일어나는 거의 모든 일에 대해 리더의 의견을 묻는다. 이 불굴의 노력은 결실을 맺어 그들이 원하던 답을 얻을 때도 있다. 홀로 지내기를 열망했던 사람이 간혹 있기는 하지만 리더가 되면 대중과 담을 쌓고 지내기는 거의 불가능하다.

그러나 모든 규칙에는 예외가 있는 법! 그리고 이 규칙에서 매우 두드러진 예외가 있다. 자신의 분야에서 군계일학이었고, 해당 분야에서 거의 독보적인 인물이 있었다. 그는 자신을 대중 앞에 세우려는 언론의 집요한 노력을 무색하게 만들었고, 대중의 집요한 관심으로부터 자신을 완벽하게 고립시키는 데 성공했다. 이 사람의 침묵(?)은 활동 분야의 특성 때문에 훨씬 더 인상적으로 다가왔다. 왜냐하면 다른 어떠한 분야보다 대중의 관심이 집중돼 있고 적극적으로 참여하는 사람이 많은 분야이기 때문이다. 대다수 사람이 그 누구보다 이 사람의 말을 더 귀담아듣고 싶어 했다.

여기서 말하는 분야란 매우 공격적이고 적극적으로 거래가 이루어지는 곳, 즉 주식 투기 분야다. 짐작했듯이 이 분야의 독보적 리더는 바로 제시 리버모어다.

월스트리트의 전설이 된 위대한 트레이더

리버모어는 14세 때 처음으로 주식투자를 시작했고, 어린 나이에 1,000달러를 벌었다. 당시 적극적 투기자의 기법이나 도구는 전부 사용했고, 관련된 이론은 전부 공부했으며 뉴욕증권거래소에 상장된 주식에 전부 손을 댔다. 그는 주식 거래를 통해 엄청난 돈을 벌기도 했고, 번 돈을 모두 잃기도 했으며, 다시 거래를 시작해서 순식간에 큰돈을 벌기도 했다.

리버모어는 눈 깜짝할 사이에 자신의 시장 포지션을 바꾸었다. 수천 주에 이르는 매수 포지션을 청산했다가 기다란 주식 시세표에서 '반대' 흐름이다 싶은 낌새가 포착되면 또 바로 수천 주에 대해 공매도 포지션을 취했다.

리버모어의 이후 행보가 대중의 마음을 사로잡기에 다소 부족했다 해도 걱정하지 마시라! 다른 주식 중개소를 능가하는 뛰어난 성과는 대중의 관심을 끌어 모으기에 충분하기 때문이다. 이는 리버모어의 가장 눈부신 실적이라고 할 수 있다.

사실 리버모어가 투기시장에 뛰어든 것은 사기꾼들을 이기는 것이 계획이었지만, 상황이 불리하게 돌아가는 바람에 소액으로 거래를 다시 시작할 수밖에 없었다.

제시 리버모어, 인터뷰에 응하다

리버모어는 과거 자신의 거래 활동에 대해 쏟아지는 숱한 질문에 침묵으로 일관했다. 준비 없이 건성으로 시장에 나서는 투자자를 다소 한심하게 보면서, 뛰어난 자질을 갖춘 준비된 '학생'만이 살아남는 이 살벌한 시장으로 그들을 인도할 마음이 없었기 때문은 아닐까?

실력 없는 투자자를 비웃으며 잘난 척하려는 의도는 분명 아니었을 것이다. 그러나 고군분투하며 평생을 바쳐 터득한 귀한 방법을, 준비도 노력도 하지 않는 아마추어에게 선뜻 알려주기는 쉽지 않은 일이다.

그랬던 그가 긴 침묵을 깨고 마침내 인터뷰에 응하며 대중 앞에 자신의 매매 비법을 공개하려고 마음먹었다. 그 이유는 예전의 월스트리트 방식과 월스트리트 사람들, 그리고 그들의 이론과 방법론을 파헤쳐서 대중에게 좀 더 효과적인 투자 방법을 제시하고자 했던 내 노력이 어느 정도 영향을 미쳤다고 생각한다.

유럽으로 휴가를 떠나기 직전에 만난 자리에서 리버모어는 이렇게 말했다.

"시장 상황을 정확히 포착해 투자에 성공하는 가장 좋은 방법은 업종에 대한 조사를 철저히 해서 좋은 종목과 나쁜 종목을 골라내는 것이다. 요컨대 유망한 종목을 매수하고 그렇지 못한 종목은 매도하면 된다."

제시 리버모어에게 배운 교훈 1.
종목을 제대로 골라내는 안목을 길러라

"독자들은 이 부분에 주목해야 한다. 월스트리트 사람들은 바로 눈앞에서 벌어지는 일도 제대로 파악하지 못하는 경우가 너무 많다. 시장에 참여하는 사람이 예전에는 수천 명에 불과했는데 이제는 주식시장에 수백만 명이 버글댄다. 그러므로 특히 지금은 주식을 매수할 때 '유망한' 종목과 '유의할' 종목을 제대로 골라내는 안목이 얼마나 중요한지 아무리 강조해도 지나치지 않다.

미숙한 투자자가 저지르는 가장 큰 실수 가운데 하나는 단지 싸게 판다는 이유만으로 저가 주식을 산다는 점이다. 사실 무배당주의 경우 특별한 투기적 가치를 지니고 있기 때문에 항상 가격이 싼 것을 의미하지는 않는다. 반면에 저가 주식 중 주당 30달러 정도였다가 40달러로 혹은 100달러 이상으로 가격이 상승하는 경우도 꽤 있다. 그러나 이런 저가 주식 중에는 기업이 파산하는 바람에 아예 시장에서 사라지거나, 재정 수지를 맞추느라 허덕이며 주주에게는 쥐꼬리만 한 수익률밖에 약속하지 못하는 경우가 훨씬 많다."

"종목을 선택할 때 투자자는 가장 잘 나가는 업종이 어디인지, 평범한 수준의 업종은 어디이고 상대적으로 약세 혹은 최약세 업종은 어디인지를 파악해야 한다."

제시 리버모어에게 배운 교훈 2.
약세 업종은 피하라

강세주와 약세주를 구별하지 못하는 투자자가 많다. 이 본질적인 차이를 인식하지 못하고, 피해야 할 포지션을 취하는 바람에 절호의 투자 기회를 날려버린다. 이와 관련해 리버모어는 이렇게 말한다.

"약세 종목은 아예 피하는 것이 상책이다. 특히 확실한 재정 기반이 없는 저가 주식은 반드시 피해야 한다. 하락 장세가 시작되면 이 약세 종목의 대표주들 가격이 가장 먼저 하락하고, 장이 되살아날 때는 이 종목의 회복세가 가장 더디기 때문이다. 그러므로 재정 상태가 열악한 기업의 저가 주식은 피해야 한다. 운전자본이 충분하지 않은 상태에서 하락 장세를 맞으면 극심한 경쟁 속에서 더 큰 어려움에 직면하게 된다.

나는 약세 업종과 약세 종목을 피하려 하고, 또 같은 맥락에서 초강세 업종과 초강세 종목은 되도록 취하려 한다. 현 상태에서 향후 장세를 예측할 때 전망이 가장 좋은 업종을 선택한다. 물론 앞으로의 변화 추세를 꼼꼼히 살피면서 예상 결과를 수정하는 일도 반드시 필요하다."

제시 리버모어에게 배운 교훈 3.
주식에도 성수기와 제철이 있다

"종목을 선택할 때는 모든 상품의 수요가 같은 시점에서 동시에 발생하지는 않는다는 점을 기억해야 한다. 다시 말해 상품마다 수요가 발생하는 시점이 다를 수 있다. 모든 것에는 저마다 가장 잘 나가는, 이른바 성수기와 제철이라는 것이 있다. 따라서 이 부분을 반드시 염두에 둬야 한다. 예를 들어 자동차와 타이어 관련 종목의 성수기는 다들 알다시피 봄과 여름이다. 성수기가 지난 후에도 가격이 계속 상승할 것이라고 기대하는 것은 타당하지 않다.

특정 종목군에 유리하게 작용하는 조건이나 상황이 다른 종목군에는 불리하게 작용할 수도 있다. 이러한 맥락에서 투자에는 제철이 있듯이 유행이라는 것도 있다. 상황이 변화하면 그 변화에 맞춰가야 할 뿐만 아니라 앞으로 6개월이나 1년 후에는 어떠한 변화가 나타날지 그 변화 상황을 예측하고 대비해야 한다. 투자자가 앞으로의 추세 변화를 예측하지 못하면 잘 나갈 때 최고가를 경신했다가 이내 곤두박질치는 수많은 종목에 발목이 잡혀 큰 낭패를 볼 가능성이 크다. 그러다 보면 결국 이런 종목에 자금이 묶여 옴짝달싹하지 못하게 된다.

투자자는 저가주에 자금을 몰아넣지 않음으로써 투자 자산의 유동성을 유지해야 한다. 그래야 이후 유망한 투자 기회가 생길 때 그 기회를 놓치지 않고 이용할 수 있다. 투자시장에서 자금을 효율적으로 회전시키지 못하는 것만큼, 성공을 꿈꾸는 일반 투자자의 발목을 강하게 잡는 걸림돌도 없을 것이다. 대체로 비생산적인 포지션에 자본이 편중되거나 비유동자산에 묶이는 상태가 종종 발생한다. 일반 투자자에게 특정 종목의 가격이 한 달에 2~3포인트 정도씩 상승한다고 말하면 그 사람들이 관심을 보일 것이라고 생각하는가? 아니다. 한 달은 너무 길다. 이 사람들은 뭐든 결과가 빨리 나타나기를 기대한다. 그러나 한 달 후 가격이 상승한다는 말에 콧방귀도 뀌지 않았던 바로 그 종목이 몇 개월 만에 20포인트나 상승한 가격에 팔리는 상황이 전개된다. 반면에 자신들이 샀던 저가주는 매수가보다 낮은 가격에 팔리는 상황을 맞이하게 될 것이다."

제시 리버모어에게 배운 교훈 4.
투자에 성공하는 한 가지 확실한 방법

"주식시장에서 성공하는 데 마법 같은 비법은 없다. 누구든 시장에서 성공하려면 투자하기 전에 철저한 조사부터 시작해야 한다. 먼저 시장을 잘 살펴본 다음에 뛰어들어야 하고, 투자 대상 기업의 펀더멘털(기초 재정 여건)에 초점을 맞추고 그외 다른 부분은 신경 쓰지 말아야 한다.

경제학에 관한 기본 지식을 습득하고 투자 대상 업종의 현 상태와 일반 경제 상황을 비롯해 기업의 재정 상태라든가 지나온 역사, 생산 역량 등 관련된 모든 정보를 완벽하게 숙지하지 않은 채 시장에서 성공하는 사람은 아무도 없다."

제시 리버모어에게 배운 교훈 5.
성공의 필수 요건

"주식시장에서 성공하기 위한 필수 요건은 바로 지식과 인내심이다. 인내심이 없으면 주식시장에서 성공하기 어렵다. 사람들은 그저 빨리 부자가 되고 싶어 한다. 때문에 가격이 하락세를 보이면 주식을 사지 않고 마냥 기다린다. 그리고 가격이 오르고 있을 때 꼭지 근처에서 주식을 산다. 대다수가 그렇다.

장기적 측면에서 '지식'을 제외하면 인내심이 가장 중요한 요소다. 이 두 가지는 서로 밀접하게 관련돼 있다. 주식투자에서 성공하고 싶다면 이 단순한 진리를 깨달아야 한다. 조사를 철저히 한 다음에 주식을 사면 이익이 나는 포지션을 취할 가능성이 크다. 보유 주식의 가격이 너무 천천히 오른다고 해서 실망하지 마라. 우량 종목은 때가 되면 그동안 인내한 부분이 아깝지 않을 만큼 가격이 충분히 상승한다. 특히 요즘처럼 강세장일 때는 더욱 그렇다.

업종 전체의 전망이라는 관점에서 생각해보라. 최강세 업종에서 가장 잘 나가는 기업을 선택하라. 오로지 희망 하나만을 믿고 주식을 사서는 안 된다. 가격이 상승할 기미가 보일 때만 매수에 나서라."

제시 리버모어의 투자 어록

시장 상황을 정확히 포착해 투자에 성공하는 가장 좋은 방법은 업종에 대한 조사를 철저히 해서 좋은 종목과 나쁜 종목을 골라내는 것이다. 요컨대 유망한 종목을 매수하고 그렇지 못한 종목은 매도하면 된다.

주식을 매수할 때 '유망한' 종목과 '유의할' 종목을 제대로 골라내는 안목이 얼마나 중요한지 아무리 강조해도 지나치지 않다.

종목을 선택할 때 투자자는 가장 잘 나가는 업종이 어디인지, 평범한 수준의 업종은 어디이고 상대적으로 약세 혹은 최약세 업종은 어디인지를 파악해야 한다.

약세 종목은 아예 피하는 것이 상책이다. 특히 확실한 재정 기반이 없는 저가 주식은 반드시 피해야 한다.

현 상태에서 향후 장세를 예측할 때 전망이 가장 좋은 업종을 선택한다. 물론 앞으로의 변화 추세를 꼼꼼히 살피면서 예상 결과를 수정하는 일도 반드시 필요하다.

종목을 선택할 때는 모든 상품의 수요가 같은 시점에서 동시에 발생하지는 않는다는 점을 기억해야 한다. 다시 말해 상품마다 수요가 발생하는 시점이 다를 수 있다. 모든 것에는 저마다 가장 잘 나가는, 이른바 성수기와 제철이라는 것이 있다.

투자자는 저가주에 자금을 몰아넣지 않음으로써 투자 자산의 유동성을 유지해야 한다. 그래야 이후 유망한 투자 기회가 생길 때 그 기회를 놓치지 않고 이용할 수 있다.

주식시장에서 성공하는 데 마법 같은 비법은 없다.

주식시장에서 성공하기 위한 필수 요건은 바로 지식과 인내심이다.

오로지 희망 하나만을 믿고 주식을 사는 일은 하지 마라. 그리고 가격이 상승할 기미가 보일 때만 매수에 나서라.

제시 리버모어의 매매 원칙 1.
매매하기 전 준비 작업

불확실한 거래 방식을 바꾸다

제시 리버모어의 주식 거래 방법을 분석하려 할 때 과거 거래 행위 전체를 다 짚어볼 생각은 없다. 다만, 아주 어린 나이(15세)에 주식투자를 시작해서 45세까지 30여 년 동안 거래를 해왔다는 정도만 밝힐 생각이다. 그중 25년은 자기 자신에 대해 알아가는 시기였다고 할 수 있다. 이 기간에 리버모어의 재정 상태는 그야말로 들쭉날쭉이었다. 수중에 단돈 5달러밖에 없다가도 어느새 100만 달러로 불어났고, 그러다 다시 무일푼이 되었다. 심지어 100만 달러 이상 빚을 지기도 했다.

주식시장에서 큰 수익을 내면서 탁월한 매매 실력을 과시하기는 했다. 문제는 번 돈을 지켜내지를 못했다는 점이다. 그러니까 당시 리버모어의 방법론은 그 효용성이 부분적으로만 인정된 셈이었다.

그러다 자신의 약점을 알아냈고 결국은 이를 극복했다. 적극적이고 불확실한 거래 방식은 상대적으로 소극적이고 장기적인 거래 방식으로 바뀌었다. 자신의 약점을 찾아내 극복한 방법, 그리고 꾸준히 이익을 내는 거래 방식으로 변화시킨 방법이야말로 우리가 다룰 논의 주제다. 그러므로 추가 설명 없이 곧바로 리버모어의 주식 거래 방법론에 대한 분석에 들어가고자 한다. 주식으로 큰돈을 벌기를 원하는 사람은 누구나 그 '방법'을 배우고 싶어 할 것이다. 그러니 리버모어의 거래 방법론만큼 이러한 요구에 맞춤한 사례가 또 어디 있겠는가!

매매 전 준비 작업 1.
영업일의 거래 활동 계획

자신이 하는 일에서 성공하느냐 실패하느냐는 일상 업무 계획을 어떻게 세우느냐에 달렸다. 이렇게 중요한 작업인데도 하루 업무 일정을 미리 짜는 사람이 별로 없다. 온종일 여기저기 연락을 취하고 회의를 하고 이런저런 잡다한 일에 매달리다가 정작 중요한 일은 하나도 처리하지 못하고 일과를 마치는 경우가 대부분이다. 검토하고 조사해서 결정을 내려야 할 가장 중요한 사항은 미결 상태로 남겨두고 만다.

그러나 리버모어는 그렇지 않다. 리버모어는 확실한 사실을 근거로 자신의 생각을 정리하고 행동의 방향을 정한다. 시간적 여유를 가지고 이러한 정보를 조사하고 그 내용을 숙지해서 완전히 자신의 것으로 만든다. 그런 다음 이 사실을 바탕으로 결론을 내리고 앞으로의 계획을 수립한다.

보통 오후 10시에 일과를 마무리하고 이후 시간은 다음 날의 일과를 준비하기 위해 리버모어는 일찍 잠자리에 든다.

"노련한 사람은 기회를 늘리는 일에 도움이 되는 것이면 무엇 하나 소홀히 하지 않으며 모든 것을 이익 창출의 도구로 삼는다. 그런데 노련함이 부족한 사람은 한 번의 기회를 무시함으로써 모든 것을 잃는다."

리버모어가 일찍 자는 이유도 이러한 사실을 잘 알기 때문이다.

매매 전 준비 작업 2.
하루 업무 준비

리버모어는 충분한 수면으로 재충전을 한 후 아침에 일찍 일어나 상쾌하고 맑은 정신 상태로 하루 일정을 소화하기를 원했다. 아침 식사를 하기 전 한두 시간 정도는 주식시장에 영향을 미치는 전 세계 상황과 금융계, 해외 거래, 자금, 곡물, 기업의 재무 상태 보고서, 거래 관련 통계치 등을 꼼꼼히 살펴본다.

아침 시간을 이용해 이 작업을 하는 이유는 충분한 수면으로 정신이 맑아져 전날의 모든 사고와 경험의 잔상이 말끔하게 비워진 상태이기 때문이다.

이 시간에 주요 조간신문을 읽으면서 기사 내용을 분석하고 각 뉴스의 가치를 평가한다. 물론 대다수는 전날 세계 각지에서 벌어지는 사건을 보고 이미 감지한 부분이고 토막 뉴스와 자막 뉴스 그리고 석간신문을 통해 어느 정도 파악이 끝난 내용이다. 하지만 아침에 다시 보면 새로운 관점에서 뉴스를 파악할 수 있게 된다. 대다수 사람은 보통 굵직한 뉴스만 읽고 나머지 자잘한 내용은 그냥 건너뛰는 데 리버모어는 절대로 그렇게 하지 않는다. 신문 지면 한 귀퉁이에 실린 세 줄짜리 단신에 훨씬 중요한 정보가 담겨 있을지도 모른다고 생각한다.

신문에 실린 짤막한 배당 통지서 하나를 보고 바로 포지션을 취한 적도 있다. 뉴스 하나를 보고 1만 주가 넘는 포지션을 바로 청산했다가 자신이 내용을 잘못 해석했다는 사실을 깨닫고는 또 곧바로 포지션을 전환하기도 했다.

매매 전 준비 작업 3.
사실 정보 탐색

제시 리버모어는 신문 1면에 나오는 내용이나 특히 크게 다룬 주요 기사에는 별로 눈길을 주지 않는다. 중요한 정보는 사실 잘 보이지 않아서 그냥 지나치기 쉬운 지면 곳곳에 숨어 있다고 말한다. 리버모어는 구석구석에 보물처럼 숨은 정보를 찾으려고 노력한다. 아침이나 낮에 이러한 정보를 찾지 못했다 싶으면 일찍 잠자리에 든다는 평소 원칙을 깨고 새벽 1~2시까지 자지 않고 열심히 들여다본다.

그리고 기어코 자신이 원하던 정보를 찾아낸다.

특정 신문에서 철강, 석탄, 섬유, 구리, 자동차, 장비, 기타 선도 업종과 면화, 곡물, 설탕 그리고 기타 다양한 상품시장에 관한 핵심 정보를 찾아낸다. 이러한 정보는 각 부문의 상황을 가늠케 하는 핵심 지표로 간주해 꼼꼼히 살펴본다. 또 이렇게 찾아낸 정보를 업계 전반에 대한 상황 판단이 옳은지에 대한 판단 근거로 삼기도 한다.

아침 시간을 활용해 정보를 탐색하는 작업을 해보면 이런 습관이 얼마나 도움이 되는지 깨닫게 된다. 아침 시간, 조용한 집에서 아무런 방해도 받지 않고 관심 주제를 탐구하고 열심히 분석하고 생각하면서 나름대로 합리적인 결론을 얻는다. 이러한 자료를 완벽하게 소화하는 데 아침만큼 제격인 시간도 없다. 주식시장이 개장한 동안에는 주식 시세 표시기에 쉴 새 없이 올라오는 정보를 읽느라 정신이 없어서 자료 분석은 엄두도 못 낸다.

아침에 정보를 탐색하는 작업에는 겉으로 잘 드러나지 않는 또 한 가지 이점이 있다. 24시간 시차를 두고 관련 정보를 살펴보면 더 나쁘게 혹은 더 좋게 변화하는 추세를 좀 더 쉽게 식별할 수 있다. 수학자들은 업종과 사업, 관련 요인 등의 추세를 나타내는 그래프의 곡선 분석에서 가장 중요한 요소 가운데 하나는 더 좋게 혹은 더 나쁘게 변화시키는 요소이다. 이때 변화의 '방향'뿐 아니라 24시간 동안의 변화 '속도'도 같이 살펴야 한다고 말한다. 다른 일로 너무 바빠서 이 주제에 관해서는 하루에 한 시간밖에 낼 수 없는 상황에서 시장을 조사

할 때는 확실히 그의 방법이 옳다는 생각이다.

짧은 시간이지만 이 작업을 계속했을 때 실보다는 득이 많았다. 이런 방법으로 관심 주제를 들여다보면 건물을 짓는 과정을 일주일 단위로 찍어서 그 사진을 연속해서 들여다보는 것과 같은 효과를 얻을 수 있다. 변화가 어떠한 방향으로 이뤄지는지, 또 변화의 속도가 빠른지 더딘지를 알 수 있다. 그리고 특정 방향에서 어떠한 움직임이 나타나면 조만간 변화가 일어날 것이라는 예측이 가능하다.

매매 전 준비 작업 4.
스스로 배운다

리버모어는 이 사람 혹은 저 사람이 특정 업종의 현 상태에 관해 이러쿵저러쿵 쏟아내는 말에 별로 신경 쓰지 않는다. 앞으로 수개월 동안의 시장 추세를 보여주는 통계치를 살펴보며 혼자서 분석한다. 신문 기사에서 철강회사의 조업률이 25~30% 정도라고 보도하면 리버모어는 실제 수치는 이보다 더 낮은 20% 미만이라고 말했다. 다른 사람은 아직 자고 있는 이른 시간에 스스로 다양한 출처에서 찾아낸 정보를 토대로 한 답변이었다. 매일 경제학 지식과 거래 동향 등을 파악하는 일에 열중한 덕분에 개장 시간인 오전 10시 이전에 이미 그는 자신의 활동 방향을 정한다.

최근 토론에서 리버모어는 이렇게 말했다.

"경제학에 대한 기본 지식이 없고 또 기업의 재정 상태나 연혁, 생산 역량, 해당 기업이 속한 업종의 상황, 일반 경제 등 모든 측면에 대한 상황 인식이 부족하면 시장에서 성공하기 어렵다. 주식시장에서 성공하는 '절대 비법' 따위는 없다. 내가 아는 한 일반 투자자가 시장에서 성공하는 유일한 방법은 투자에 나서기 전에 먼저 조사부터 하는 것이다. 즉 철저한 조사를 바탕으로 투자에 나서야 한다."

리버모어는 사실 여기에 한 가지 더 추가할지도 모른다.

"웬만하면 그 작업은 아침 일찍 일어나서 하라."

낮 동안에는 그럴 시간이 없고 밤에는 또 너무 피곤해서 그럴 여력이 없을 테니 말이다. 주식 거래와 무관한 일을 하는 사람이라면 특히 귀담아들어야 할 습관이다.

대다수 사람은 늘 하던 대로 생각하는 경향이 있다. 기존의 생각 틀에서 크게 벗어나지 않으려 한다. 인간은 습관의 동물이다. 대다수가 아침 9시에 출근해야 한다면 8시에 일어난다. 저녁이면 기분 전환이 필요하다는 생각으로 영화를 보거나 춤을 추기도 하고 카드놀이를 하기도 한다. 이 사람들은 자신이 그렇게 기분 전환을 위한 행위를 해도 괜찮다고, 아니 그럴만한 자격이 있다고 생각한다. 밖에서 너무 오래 있다가 귀가 시간이 늦어질 때면 '기분 전환 잘했으니 좀 늦게 자도 돼!'라며 스스로를 위안한다. 사실 틀린 말도 아니고, 이렇게 해도 그럭저럭 괜찮을지 모른다.

그러나 성공을 원한다면 이야기는 달라진다. 이러한 행동이 계속

이어진다면 이들이 과연 성공할 수 있을까?

매매 전 준비 작업 5.
가장 중요한 것에 집중하다

이처럼 야간 활동을 즐기는 습관이 몸에 밴 대다수 사람처럼 밤 10시부터 자정까지 혹은 새벽 1~2시까지 여가를 즐기는 대신 리버모어는 그 시간을 잠을 자는 데 할애한다. 잠을 충분히 자고 나서 맑은 정신으로 아침에 필요한 자료 조사 작업을 하기 위해서다. 다른 사람은 대부분 밤늦게까지 놀다가 늦게 잠자리에 든다. '늦게까지 놀기와 늦게 자기'에 이끌리는 사람들을 우리는 '투자 대중'이라고 부른다.

주식 거래는 사실상 기존의 정신적·신체적 습관을 완전히 바꿔야 하는, 이 세상에서 가장 어렵고 또 가장 거대한 게임이다. 그런데 수백만에 이르는 투자 대중은 겁도 없이 이렇게 어려운 게임에 발을 담가보겠다고 무모하게 뛰어든다. 자신의 일을 할 때 철저히 준비한 다음에 그 일에 뛰어드는 것처럼 주식 거래도 마찬가지여야 한다. 주식 거래를 하나의 직업으로 인식하지 않고 건성으로 할 생각이면 아예 시작하지 말아야 한다.

리버모어가 경험에 기초해 말하는 주식 거래를 잘하기 위해 필요한 두 가지 필수 요소는 다음과 같다. 하나는 충분한 수면이고 또 하나는 여유 있는 시간이다. 즉 시장 추세 형성에 영향을 미치는 요소

그리고 일반적으로 경제 전반, 구체적으로는 개별 업종 및 기업에 영향을 미치는 요소에 관해 아무런 방해도 받지 않으면서 꼼꼼하게 들여다볼 시간이 필요하다.

리버모어는 주식시장의 관점에서 바라본 인간 본성에 아주 관심이 많다. 앞서 언급한 인터뷰에서 이렇게 말한 바 있다.

"주식시장에서 성공의 필수 요소는 지식과 인내다. 그런데 이 인내심이 없기 때문에 시장에서 성공하는 사람이 거의 없다. 사람들은 그저 빨리 부자가 되고 싶어 한다. 가격이 하락세를 보이면 주식을 사지 않고 마냥 기다린다. 그리고 가격이 오르고 있을 때 꼭지 근처에서 주식을 산다. 대다수가 그렇다."

리버모어는 주식시장과 자기 자신을 철저히 연구했기 때문에 성공할 수 있었다. 이것이야말로 어느 분야에나 적용 가능한 성공 공식이다. 즉 리버모어처럼 하면 어디서 무엇을 하든 성공할 수 있다. 나폴레옹은 이렇게 말했다.

"내가 어떠한 비상 상황에든, 또 어떠한 문제에 직면하든 항상 대비가 돼 있는 듯 보인다면 그것은 내가 어떠한 일이든 오래 전부터 충분히 생각해왔고 그래서 훗날 벌어질 만한 일을 예측하고 있었기 때문이다. 남들은 전혀 예측하지 못한 상황이 갑자기, 그리고 은밀하게 벌어졌을 때 그 상황에서 내가 미리 알고 있었던 듯이 무언가를 말하거나 어떤 행동을 한다면 그것은 내가 천재여서가 아니라 미리 충분히 생각하고 예측하고 대비했기 때문이다."

어느 날 특정한 상황에서 막 발생한 일을 리버모어에게 알려주고 싶다는 친구와 함께 그의 사무실을 찾았다. 그런데 어떤 회사에 관한 이야기하려 했던 이 친구는 리버모어 앞에서 입도 뻥긋하지 못했다. 리버모어가 책상 맨 위 서랍에서 수첩을 하나 꺼내 펼쳐들고 이렇게 말했기 때문이다.

"여기 말씀인가요? 아, 그 얘긴 며칠 전부터 알고 있었어요."

매매 전 준비 작업 6.
시장 연구는 필수

몇 년 전 인터뷰에서 리버모어는 이렇게 말했다.

"성공하느냐 마느냐는 운에 달렸다고 말하는 사람이 있다. 그러나 이런 사람은 주식시장에 아예 얼씬도 하지 않는 편이 낫다. 태도 자체가 잘못됐다. 주식투자를 하는 일반인의 가장 잘못된 태도는 주식시장을 도박장쯤으로 여긴다는 사실이다."

"주식투자도 법학이나 의학처럼 열심히 공부하고 준비해야 하는 분야이고, 법학도가 변호사 시험을 준비할 때처럼 아주 철저히 공부해야 한다는 점을 처음부터 알고 있어야 한다. 내 성공의 이유를 운으로 돌리는 사람이 많다. 그러나 사실은 내가 운이 좋아서가 아니라

이 일을 하면서 내가 이 분야를 아주 열심히 공부했기 때문이다. 그리고 내 인생을 거의 바쳐 이 일에 집중했고, 일하는 내내 최선을 다했기 때문이다."

이상의 사실에서 우리가 배운 내용은 다음과 같다.

주식 투자자로 큰 성공을 거두고 그 성공을 지속하기 위해서 그 일에 인생을 바친다는 각오가 돼 있어야 한다. 취미 삼아 대충 한번 해보겠다는 자세로는 성공하기 어렵다. 그리고 자신이 일하는 분야에서 성공하겠다는 강한 의지와 열망 외에 해당 분야에서 필요로 하는 특성이나 역량도 갖춰야 한다. 리버모어는 확실히 이 두 가지를 충족시킨 인물이라고 할 수 있다.

다른 업무를 하는 데 많은 시간을 할애한 일반 투자자는 월스트리트에서 말하는 전문 투자자 기준에는 걸맞지 않다. 하지만 본업에 지장을 주지 않는 한도 내에서 주식투자에 대해 열심히 공부하고 노력하는 만큼 이 분야에 대해 더 많이 알게 된다면 과학적이고 성공적인 투자자가 될 수 있다.

- 경제 및 시장에 관한 기본 지식은 필수이다.
- 매일 일정 시간을 할애해 필요한 공부를 꾸준히 해야 한다.
- 올바른 판단과 견해는 분명한 정보 출처에 기반을 둔 실제 사실

에서 나온다. 시간과 경험이 늘어갈수록 이러한 사실을 해석하는 능력도 향상된다.
- 진짜 정보는 신문 머리기사에서 찾으면 안 된다. 사실 그러한 정보는 눈에 잘 띄지 않는 구석구석에 숨어 있다.
- 미래 상황을 예측하는 능력이야말로 성공의 필수 요소다.

제시 리버모어의 투자 어록

확실한 사실을 근거를 통해 생각을 정리하고 행동의 방향을 정하라.

노련한 사람은 기회를 늘리는 일에 도움이 되는 것이면 무엇 하나 소홀히 하지 않으며 모든 것을 이익 창출의 도구로 삼는다. 반면에 노련함이 부족한 사람은 한 번의 기회를 무시함으로써 모든 것을 잃는다.

신문 1면에서 다룬 주요 기사보다 중요한 정보는 잘 보이지 않아서 그냥 지나치기 쉬운 지면 구석구석에 숨어 있다.

주식시장에서 성공하는 '절대 비법' 따위는 없다. 내가 아는 한 일반 투자자가 시장에서 성공하는 유일한 방법은 투자에 나서기 전에 먼저 조사부터 하는 것이다. 즉 철저한 조사를 바탕으로 투자에 나서야 한다.

사람들은 그저 빨리 부자가 되고 싶어 한다. 가격이 하락세를 보이면 주식을 사지 않고 마냥 기다린다. 그리고 가격이 오르고 있을 때 꼭지 근처에서 주식을 산다. 대다수가 그렇다.

내 성공의 이유를 운으로 돌리는 사람이 많다. 그러나 사실은 내가 운이 좋아서가 아니라 이 일을 하는 15년 동안 이 분야를 아주 열심히 공부했기 때문이다.
성공하느냐 마느냐는 운에 달렸다고 말하는 사람이 있다. 그러나 이런 사람은 주식시장에 아예 얼씬도 하지 않는 편이 낫다. 주식투자를 하는 일반인의 가장 잘못된 태도는 주식시장을 도박장쯤으로 여긴다는 것이다.

제시 리버모어의 매매 원칙 2.
매매에 집중할 수 있는 특별한 공간

매매에 방해되는 요소를 차단하다

제시 리버모어는 자신에게 맞는 매매 환경을 직접 만들었다. 이는 오랫동안 주식 거래 일을 하면서 쌓인 경험의 결과물이다.

월스트리트의 전반적 분위기, 구체적으로 말하면 중개 사무소는 주식을 팔고 사는 사람들로 가득 차 시장통처럼 시끌벅적한 느낌이 강하다. 중개 사무소의 분위기는 업무 특성과 고객의 일반적 심리 상태 그리고 고객 수에 따라 달라진다. 주식 시세 표시기와 기타 용품 그리고 고객과 파트너 한두 명뿐인 작은 사무소도 있다. 조용한 장소로 보이지만, 사실 어느 중개소도 그렇지 않다. 아무 방해 없이 생각에 잠기고 싶어도 고요한 시간이 15분을 넘기지 못한다. 사람들이 나누는 대화마다 내부 정보랍시고 이런저런 소식이 끊임없이 오가면서 브로커와 고객이 온갖 소문을 공유한다. 귀가 들리지 않거나 눈이 보이지 않는 한 생각에 집중하는 일 자체가 불가능하다.

규모가 좀 더 큰 사무소에는 거대한 주식 시세 표시판이 있고 고객도 25명에서 50명이나 북적대는 통에 전문 트레이더 입장에서는 긴장감이 10배는 더하고 활동하기도 더 어려운 분위기다. 낮게 설치한 작은 시세 표시기 주변에서는 온갖 소문이 난무한다. 옆자리에 앉은 사람은 자신이 무엇을 바라는지, 또 무엇을 두려워하는지, 그리고 자신이 무엇을 보고 무엇을 듣고 무슨 생각을 하는지 이야기하고 싶어 안달이다. 그러니 한시도 조용할 순간이 없다.

리버모어도 이런 경험을 했다. 사람들과 떨어진 채로 조용하게 작업할 기회가 없었다. 그래서 그는 개인 사무소를 열었고, 고객으로 붐비는 소란스러운 공간 때문에 방해받는 일은 더는 없었다.

집에서 혹은 그레이트넥Great Neck에 있는 여름 별장에서 사무실로 갈 때는 자동차를 타고 간다. 기차나 지하철을 이용하지 않는다. 돈 많은 유명한 금융가는 다들 이렇게 자동차를 이용한다. 이 사람들이 다른 사람과의 접촉을 피하는 데는 특별한 이유가 없다.

하지만 리버모어는 다르다. 사무실로 출퇴근하는 동안 다른 사람들을 만나게 되면 대화의 주제가 자연스럽게 주식시장과 관련된 내용으로 흐르면서 듣고 싶지 않아도 온갖 소문과 정보를 듣게 된다. 그러다 보면 스스로 생각해서 판단하기 어려워진다는 사실을 깨달았다. 그래서 다른 사람과 거리를 둔 채 혼자 생각하고 혼자 결정하는 쪽을 택한 것이다. 아침이든 낮이든 혹은 밤이든 남의 이야기에 방해 받지 않기를 원해서다.

트레이더의 필수 요건 1.
평정심

리버모어가 말하는 트레이더에게 가장 필수적인 요건 가운에 하나는 바로 평정심이다. 이는 어떠한 상황에서든 침착함을 유지할 수 있는 심적 평온함 그리고 희망이나 두려움의 영향을 받지 않는 굳건한 심리 상태를 말한다. 리버모어는 이 부분에서 남들보다 큰 강점이 있었다. 타고난 측면도 있고 이후 더 향상된 측면도 있다.

트레이더의 필수 요건 2.
소문을 멀리하라

리버모어는 이른바 '정보'라는 이름으로 떠돌아다니는 소문을 제일 싫어한다. 월스트리트를 조금이라도 경험해본 사람이라면 특정한 상황에 몰려 행동하는 경우가 얼마나 많은지, 또 내밀한 정보에 솔깃해서 기존 경로에서 얼마나 쉽게 이탈하는지 잘 알고 있을 것이다. 이러한 소문이 미치는 영향을 면밀히 살펴본 결과 사실, 합리적 근거, 논리적 결론 등을 바탕으로 판단을 내리려 할 때 이 작업을 방해하는 요소를 최대한 배제하는 것이 최선이라는 사실을 알게 됐다.

리버모어가 자기계발 측면에서 신경을 썼던 또 한 가지는 바로 심리학과 관련한 부분이었다. 단순히 월스트리트나 시장에 대한 심리적 효과를 숙고하는 것만을 의미하지는 않는다. 본업에 도움이 되는 분야라면 무엇이든 가리지 않고 열심히 연구했던 것처럼 리버모어는 심리학도 열심히 공부했다. 리버모어는 무슨 일을 하든 일단 시작하면 대충 하는 법이 없다.

트레이더의 필수 요건 3.
오로지 매매에 집중하기 위한 사무실

리버모어는 대도시 중심가의 고층 건물 상층부에 자리한 자신의 사무소로 출근한다. 문 앞에는 그 흔한 명패도 달려 있지 않다. 사무소 안에는 접견실이 있고 회의실과 직원들이 사용하는 사무실 그리고 자신의 사무실이 있다. 그리고 반회전문을 사이에 두고 맞은편에 중역실이 있다. 직사각형으로 된 공간 한쪽 벽면에는 기다란 시세 표시판이 있고 맞은편에는 창문이 줄지어 있다. 표시판에는 인기 주식 30~40개와 면화, 밀, 옥수수, 귀리 등 몇몇 인기 선물의 시세가 표시되어 있다.

그런데 이 사무소의 시세 표시판은 대부분의 중개 사무소에 있는 시세 표시판과는 약간 다르다. 일반적으로는 시가와 종가, 고가, 저가를 표기하는 방식으로 시세 변화를 보여주는데, 리버모어 사무실에 있는 시세 표시판은 세로로 배열한 각 항에 주식의 시세 변화를 분필로 적어 넣는 방식이었다. 리버모어는 주가 변화, 반등 및 조정, 상대적 활동성 등을 한눈에 볼 수 있는 이러한 배열 형식을 선호한다. 거래량은 시세 표시판에 표시되지 않기 때문에, 이 자료는 시세 표시기에서 얻는다.

가축, 면화, 곡물 등 선물 시세 표시기와 뉴스 표시기는 시세 표시판 약 1미터쯤 앞 중앙에 위치해 있어서 바로 시세표를 읽을 수 있다. 하지만 문제는 표시판을 올려다 봐야 한다는 점이었다.

중개 사무소에는 대개 둥근 탁자 위에 올려놓고 보는 키 낮은 표시기를 사용한다. 그래서 이 표시기 주변에 서너 명이 모여 목을 길게 빼거나 고개를 크게 돌려 시세표를 읽었다. 하지만 리버모어는 개인 사무소 책상 앞에 앉아서 잠깐 사용하는 용도 외에 이러한 키 낮은 표시기는 선호하지 않는다. 자신의 사무실에도 이 표시기를 갖춰 놓고 있지만, 일반적 용도로는 일어서서 볼 수 있도록 키 높은 표시기를 선호한다.

그는 자신이 하는 일에서 탁월한 수완을 보일 수 있었던 여러 이유 중 하나가 바로 이 키 큰 표시기를 사용한 점이었다고 생각한다. 똑바로 서서 일하면 숨쉬기도 편하고 혈액 순환에도 도움이 되기 때문이다. 키 낮은 표시기를 사용하는 사람들은 웅크린 자세로 혹은 어정쩡하게 선 자세로 시세를 확인해야 하는데 리버모어는 이와는 반대 자세를 취하는 것이다. 리버모어는 사실상 하루 종일 서서 일한다. 전화 통화도 일어선 채로 한다. 그러니 운동까지 자연스럽게 하는 셈이다.

제시 리버모어와 제임스 킨의 공통점:
꼭 필요한 일만 한다

시세 표시판을 제외하면 사무실 배치는 저명한 주식 중개인 제임스 킨James R. Keene의 사무실 구조와 상당히 비슷하다. 영광스럽게도 나는 킨의 개인 사무소에서 흥미로운 시간을 보낼 기회가 있었다. 킨 역시 키 높은 표시기를 사용했고, 장중에는 계속 서서 전화를 하거나 혹은 옆 사무실을 왔다 갔다 했다. 시장의 주요 흐름을 하나도 놓치지 않겠다는 듯이 매서운 눈초리로 시세표를 들여다보다가도 어느 때는 시세 표시기에서 눈을 떼곤 했다. 그리고 이때 그는 꽤 특이한 행동을 했다. 즉 시세 표시기에서 물러나 맞은편 끝까지 걸어갔다가 다시 돌아왔다. 그리고 큰 결단을 내리듯 꼭 쥔 주먹을 흔들며 마치 메트로놈의 박자에 맞춰 자로 잰 것처럼 정확한 간격과 속도로 또박또박 걸었다.

그가 시세표를 읽는 작업은 일정한 시차를 두고 진행되는 듯했다. 바로 앞에서 설명한 것처럼 시세표를 보고 몇 걸음 걷고 다시 보고 또 걸으면서 자신이 본 자료를 해석할 시간을 벌었다. 일정한 시차를 두고 정기적으로 시장 흐름을 관찰하고 변화의 속도를 탐지하는 일이 얼마나 중요한지는 이미 언급한 바 있다.

킨과 대화를 나눌 때 그는 시세 표시기를 마주하고 서 있고 나는 맞은편에 섰다. 킨은 오른손에 안경을 쥐고는 자신이 말하려는 핵심을 강조했다. 보통은 꽤 오래 말을 이어가는 편인데, 말을 마치고 나면 시세 표시기 쪽으로 눈을 돌렸다. 일단 시세표에 시선이 고정됐다 싶으면 내가 무슨 말을 해도 킨은 한마디도 귀담아듣지 않았다. 시세표를 읽는 데 온통 정신이 팔려서 다른 것은 아예 눈에 들어오지 않는 것 같았다. 그러고는 전화기 쪽으로 걸어가서 "지금 이거 누가 사고 있어?"라든가 "거기 상황은 어때?"라고 물었다. 전화를 끊고 다시 돌아와 시세표를 보고 또 정해진 걸음 수대로 걸으면서 생각을 정리했다. 그러고 난 후 꿈속을 걷다가 갑자기 현실로 돌아온 것처럼 좀 전에 중단했던 대화를 다시 이어갔다.

여러 면에서 리버모어는 킨과 닮았다. 무엇보다 눈꺼풀이 옆으로 약간 처진 모양새와 꿰뚫듯이 날카로운 눈빛이 매우 비슷하다. 콧등이 살짝 튀어나온 모습도 아주 닮았다. 이러한 얼굴 모양새가 골상학적으로 어떠한 의미가 있는지는 전문가에게 물어볼 사항이고, 나는 그저 내가 보고 느낀 점을 말하고자 한다. 내가 알기로 킨과 마찬가지로 리버모어는 깊이 있고, 진중하고, 현명하고, 독창적이고, 지략이 뛰어나고, 자주적이고, 선견지명이 있고, 사자 같은 용기를 지닌 사람이다. 일하는 방식도 마찬가지로 비슷한 점이 많다. 이에 관해서는 다음 장에서 이야기하겠다.

리버모어와 전화 통화를 하거나 직접 만날 수 있는 사람은 극소수다. 리버모어는 가끔 편지를 받기도 하지만 답장은 거의 하지 못하는데 편지를 쓸 시간이 없기 때문이다. 리버모어에게는 시장이 일터다. 그래서 만나는 사람도 그렇고 자신이 쓰는 편지도 그렇고 전부 시장이나 시장에서 하는 일과 밀접한 관련이 있다. 그 외 다른 부분에 신경을 쓸 시간이 없다. 이는 꼭 필요한 일만 한다는 평소의 지론과 일치하는 부분이다.

제시 리버모어가 뉴스를 해석하는 방법: 숨어 있는 진짜를 찾아라

리버모어가 이른 아침에 핵심 사실에 대한 꼼꼼한 조사와 분석을 바탕으로 중요한 판단을 내린다는 점은 앞에서 말했다. 그러나 어떠한 종목을 선택할지, 또 매매 시점을 언제로 할지에 대한 결정은 시세표에서 본 내용을 근거로 한다. 뉴스 표시기는 전 세계에서 발생하는 일을 놓치지 않고 확인하는 데 큰 역할을 하는 도구다. 리버모어와 조수들은 뉴스 표시기에서 거의 눈을 떼지 않는다. 특정한 기사나 구절, 단락, 특정한 한 줄, 때에 따라서는 단어 하나가 시장 포지션에 중대한 영향을 미치기 때문이다.

그러나 투자 대중과는 달리 리버모어는 표현된 내용 자체를 액면 그대로 받아들이지 않는다. 겉으로 표현된 내용 안에 숨은 진짜 사실 혹은 그러한 내용을 공개하는 이면의 숨은 목적을 찾아내려고 한다. 시장은 대중이 만들어낸 결과물로, 여기에는 수많은 사람의 생각과 의견이 투영돼 있다. 그리고 이 대중 속에는 다른 사람보다 영향력이 더 강한 사람이 있다. 이 대단한 게임에 참여한 사람들은 여론에 영향을 주어 다른 사람의 매도나 매수를 유도하려고 애를 쓴다는 점을 리버모어는 누구보다도 잘 알고 있다. 따라서 이 '사람들이' 무엇을 하는지를 파악하기 위해 행간을 열심히 읽는다.

이전에 쓴 글에서 월스트리트를 거대한 호퍼(바닥이 열리게 돼 있는 쐐기형 운반 기구-역주)에 비유한 적이 있다. 이렇듯 월스트리트에는 온종일 온갖 뉴스가 쏟아져 들어온다. 철도, 제조업, 기업 이익, 기상 예보 그리고 금융업과 작물, 단기 금융시장, 금 수입, 세계 정세 등에 관한 기사 또 주식과 채권, 상품시장과 관련된 수많은 소식이 월스트리트로 끊임없이 쏟아져 들어온다. 때문에 당연히 이 모든 자료와 정보가 경제와 시장 상황에 영향을 미친다.

리버모어는 이 방대한 뉴스를 두 가지 방법으로 분석한다. 일단 시장이나 개별 주식과 직·간접적으로 관련이 있는지를 판단한다. 그 다음에는 해당 뉴스가 주식 시세에 미치는 영향, 즉 이 뉴스가 특정 종목의 매도나 매수에 어떠한 영향을 미치는지 관찰한다. 분석 결과가 애초 시장에 내놓은 기사 내용과 정반대일 수도 있다. 그러나 리버모어는 자신이 분석한 내용이 정말로 중요한 사실이라면 조만간 그 부분이 주식 시세에 반영될 것임을 잘 알고 있다.

그래서 리버모어는 다른 대형 투자자가 새로운 상황에 맞춰 언제 기존의 시장 포지션을 바꿀지 그 시점을 예측하려고 노력한다. 제시 리버모어의 방법론을 단 두 마디로 표현하면 이렇다.

"리버모어는 예측한다."

이러한 내용에서 다음과 같은 결론에 도달할 수 있다.

- 침묵과 고립은 합리적이고 명확하며 독자적인 판단을 하는 데 필수적 환경 요건이다. 어떠한 분야에서 무슨 일을 하든 집중해야 한다. 주식투자 분야에서 일할 때 생각을 정리하고, 계획을 세우고, 업무를 제대로 수행하려면 시끌벅적한 중개 사무소는 피하는 것이 가장 좋다.
- 또 하나의 필수 요건은 평정심이다.
- 심리학에 관한 지식 또한 주식 투자자의 정신 무장에 도움이 되는 필수 자질이다. 명석함은 건강한 신체에서 비롯되기 때문에 적당한 운동이 필요하다.
- 때로는 작은 뉴스 속에 큰 사건의 징후가 담겨 있으므로 뉴스에 대한 신속한 분석의 기반이 되는 예민한 통찰력이 매우 중요하다. 뉴스의 영향은 시장 특성과 주요 관심사 및 매매에 대한 태도와 관련이 있다.
- 진정한 의미에서 투기는 예측이 필요하다.
- 주식 시세표는 대형 투자자와 내부 거래자의 동기 및 활동을 반영한다.
- 큰돈은 장기 시세 안에 있다.

제시 리버모어의 투자 어록

트레이더에게 가장 필수적인 요건 가운데 하나는 바로 평정심이다.

'정보'라는 이름으로 떠돌아다니는 소문을 경계하라.

시장은 대중이 만들어낸 결과물로, 여기에는 수많은 사람의 생각과 의견이 투영돼 있다.

심리학에 대한 지식은 주식 투자자의 정신 무장을 위한 필수 자질이다.

월스트리트에 쏟아져 들어오는 방대한 뉴스에 대해 시장이나 개별 주식과 직·간접적으로 관련되어 있는지 파악한다. 그리고 해당 뉴스가 주식 시세에 미치는 영향, 즉 특정 종목의 매도나 매수에 어떠한 영향을 미치는지 관찰한다.

제시 리버모어의 매매 원칙 3.
주식 시세표 읽는 법

리버모어는 기본 포지션에 대한 배경과 장기 시장 추세에 대한 확고한 생각을 바탕으로 개장 시 주식 시세표를 보고 미리 생각해 놓은 견해가 맞는지 아닌지를 확인한다. 그리고 현 시장 상황을 진단하고 앞으로의 시장 추이를 예측한다. 또 당일 거래 결과에 따라 장래 가격 추이에 대한 자신의 생각에 변화가 있을 수 있으며, 이 거래 결과를 통해 자신의 판단이 옳은지 그른지를 확인할 수 있음을 인지하고 있다. 만약 자신의 판단이 옳으면 포지션을 그대로 유지하고, 판단이 잘못됐으면 포지션을 변경한다.

작고 기다란 종이 띠 모양의 주식 시세표에는 수백만 명에 이르는 시장 참여자의 기대와 공포 그리고 열망이 반영돼 있다. 400~500개에 이르는 선도주의 가격과 수량이 시시각각 변화하며 계속 기록된다. 오랜 훈련과 경험을 바탕으로 해당 분야를 거의 완벽하게 이해하는 사람만이 주식 시세표에 표시되는 시장 정보 중에서 정말 중요한 핵심 정보를 뽑아낼 수 있다.

주식시장이 수많은 사람의 의지와 태도를 반영하고 있기는 하지만, 목적 없이 표류하는 법이 없다는 사실쯤은 월스트리트에 익숙한 사람이라면 누구나 인지하고 있을 것이다. 하지만 조직화되어 있지 않은 개인이 이 큰 게임에 참여하면서 함께 들어온 다른 사람들은 무엇을 하는지 아는 사람이 거의 없다. 그러나 대형 투자자와 선도적 투자자들은 어느 시점에 어떠한 주식을 팔아야 하는지, 또 특정 시점에 팔릴 수 있는 주식이 무엇인지 명확히 알고 있다. 이들이 대중에게 매수나 매도를 유도하고, 거래 수준을 일정하게 유지하려는 의지와 시도가 시장에 영향을 미친다. 이 부분이야말로 주식 시세표를 읽는 사람이 풀어야 할 숙제다.

리버모어는 다른 사람의 행동을 보고 시장과 다양한 주식 종목의 향후 흐름을 예측한다. 내부자가 하는 말이나 기사 내용 혹은 약속보다 이 사람들의 행동이 훨씬 중요하다고 생각한다. 내부자는 자신이 속한 기업에 대해 너무 많이 알고 있어서 오히려 최악의 판단을 할 때가 많다. 내부자는 소속 기업에 너무 밀착돼 있는 상태여서 그 기업의 취약점을 잘 보지 못할 수도 있기 때문이다. 또 이들은 기술적 고려 사항에도 무지한 편이다.

인터뷰 도중 가끔 어떤 분야에 대해 낙관적 전망을 언급하면서 특정한 사실을 들려줬다. 이 부분은 나도 잘 알고 있는 내용인데, 중요한 거래가 이뤄지는 시점과 근원은 거의 한곳으로 수렴된다는 것이다. 리버모어가 무엇보다 주식 시세표를, 아니 더 정확하게는 주식 시세표 분석을 매우 중요하게 생각하는 이유이기도 하다. 리버모어는 주식 시세표 안에 언론이 대중으로 하여금 특정한 행동을 하도록 유도할 목적으로 교묘하게 만들어낸 선동 그 이면에 진짜 목적이 숨어 있다고 본다.

주식 시세표는 마치 한 번에 하나씩 정보가 담기며 계속 움직이는 '그림'과 같다. 이 그림은 거의 2초마다 변한다. 그리고 이러한 변화 하나하나마다 막 지나간 정보, 그리고 그 정보에서 감지되는 미래 동향이 고스란히 담겨 있다. 그야말로 찰나적으로 변화하는 시세 흐름을 읽고 이를 제대로 이해한 다음 개장 후 거래하는 5시간 동안 즉각적으로 그 정보를 적용하는 일, 그리고 핵심 사실을 추출하고 현재 벌어지는 일의 진정한 목적과 가능한 결과를 감지하는 일 등이 리버모어가 매일 하는 일상 업무다.

리버모어가 주식 시세표에서 찾으려는 사실은 다음과 같다.

- 시가(시초가)가 전일 종가보다 높은가, 낮은가.
- 개장 시 어떠한 종목이 약세 혹은 강세를 나타내는가. 놓친 부분은 없는가.

- 주도주는 어떤 특성을 갖고 있는가.
- 초강세 및 초약세 업종이 무엇인가.
- 이전 주도주가 주춤하는 사이 다른 어떠한 종목이 치고 올라왔는가.
- 초강세 혹은 초약세 업종의 힘이 자극제로 작용하는가, 아니면 나머지 시장 부문의 약진을 막는 역할을 하는가.
- 시장 조작의 특성은 무엇인가.
- 활동성이 가장 큰 부문은 어디이며, 여기에 속한 종목의 주요 뉴스는 일반적 반응을 나타내는가 아니면 특별한 반응을 나타내는가.
- 약세 혹은 강세의 가능성을 의미하는가.
- 전체 시장의 거래량은 어제, 지난주, 지난달과 비교해 상승세인가 하락세인가.
- 주도주와 2순위 주도주가 자극이나 압력에 반응하는 방식은 무엇인가.
- 일반적으로 매수 혹은 매도의 성격이 조작적이고 전문적인가, 아니면 대중적인가.
- 상승 혹은 하락의 속도와 상승 혹은 하락이 발생하는 빈도는 어떤가.
- 가장 오래 추세가 지속되는 종목은 무엇인가.
- 이격도(주가와 이동평균선 간의 괴리-역주)는 어느 정도인가.
- 시장과 특정 종목이 저항선에서 어떠한 모습을 보이는가.

- 매도 물량을 흡수하거나 물량을 쏟아내는 역량, 주요 부문에서 매집이나 가격 상승 혹은 매도가 일어나고 있는가.
- 내부 거래의 증거가 있는가.
- 내부 거래가 심각한 수준인가 가벼운 수준인가.
- '장내거래인Floor trader'의 활동은 어떠한가.
- 전문 트레이더의 포지션은 어떠한가(롱 혹은 쇼트, 축소 혹은 확대).
- 대중이 매입하거나 청산하는 종목은 어떤 성격을 지니는가.
- 시장 혹은 투자자가 어떠한 성질에 반응하는가(이들의 행동에 영향을 미치는 요소는 무엇인가).
- 인위적 자극이나 압력 없이 지속력을 보여주는 시장의 힘은 무엇인가.
- 인위적인 힘을 가하지 않을 때 어떠한 현상이 나타나는가.
- 강세 전략을 포기했을 때 상황은 어떻게 변화하는가.
- 특정 업종에서 어떠한 종목이 최고 혹은 최악의 성과를 나타내는가.
- 내부자가 특정 상황을 주도하려 하는가.
- 특정 종목의 주가가 쉽게 상승하는가, 아니면 시세를 유지할 수 있는 주문이 부족해서 작은 하락 압력에 쉽게 무너지는가.
- 내부자가 공개적으로 매수하는가, 아니면 은밀히 매수하는가(말하자면 조심스럽게 매수하는가, 아니면 과감하게 매수하는가). 그리고 그 이유는 무엇인가.

- 작은 가격 변동 혹은 큰 변동이 언제 나타나는가. 그리고 전일, 전달, 전년도 대비 오늘 시장의 상대적 포지션은 어떠한가.
- 어디에 위험 요소가 존재하는가.
- 추세가 멈췄거나, 추세 반전이 시작된 종목이 무엇인가.
- 가장 중요한 것은 크게 혹은 작게 베팅해야 할 시점이 언제인가.

이상은 현재 행동 혹은 심사숙고한 행동이 옳은지 그른지, 현재 포지션을 유지해야 하는지 아니면 반대 포지션으로 바꿔야 하는지, 아니면 아예 포지션을 청산해야 하는지 등을 판단할 때 고려해야 하는 중요한 사항이다. 이 업계에서 오래 일하다 보면 판단력이 향상돼 거의 직관적으로 결정할 수 있게 된다.

리버모어는 주식 시세표를 보면 앞으로 벌어질 일을 어느 정도 가늠할 수 있다고 생각했다. 주식시장에서 활동하는 사람 사이에 유포되는 정보 가운데 한 사람 이상이 아는 사실은 그 사람들의 거래 행동과 어떤 상황에서의 처신에 따라 거의 내용을 알 수 있기 때문이다. 리버모어는 특정 종목의 가치에 변화를 일으킬 만한 무언가를 발견한 사람이 가장 먼저 하는 행동은 뉴스 표시기에 그 사실이 올라오게 놔두는 (즉 뉴스로 나올 때까지 입을 꾹 다무는) 것이 아니라 직접 해당 종목을 매수하거나 매도하는 일이라고 했다. 그런 다음에 친구와 주변 지인에게 그 사실을 알려준다. 리버모어가 끊임없이 시장 행동을 관찰하는 과정에서 주식 시세표를 주시하며 열심히 찾으려고 하는 정보가 바로 이러한 유형의 '뉴스'다.

월스트리트의 심리는 대중의 심적 경향성에 대한 반응을 의미하는데, 이러한 심리 상태가 시장에 유형적 영향을 미친다. 대규모 혹은 소규모로 거래하는 사람이나 주식을 매도하거나 분할 매집하려는 사람 중에 이러한 행위가 지닌 강력한 잠재력, 수요와 공급에 미치는 영향력을 무시할 수 있는 사람은 없다.

일부 대형 투자자가 특정 종목 5만 주를 매수하려 할 때 대다수 투자자는 현재 포지션을 청산하려는 흐름을 보인다. 말하자면 이러한 정보를 바탕으로 5만 5,000주가 매물로 나오면 대형 투자자의 매집 효과가 상쇄되면서 시장은 상승이 아니라 하락하는 현상이 나타난다. 이러한 사실에서 시장 심리가 얼마나 중요한지가 드러난다. 특정한 상황이 대중의 심리에 어떠한 영향을 미치는지 아무도 예측할 수 없기 때문이다. 이러한 심리 상태에 대한 판단, 즉 이 심리 상태가 미칠 영향을 예측하는 일이야말로 리버모어가 특히 강점을 보이는 부문이다.

그렇다고 리버모어가 중·소규모의 변동에는 신경을 쓰지 않는다고 생각하면 오산이다. 주식 시세표에서 포착되는 변화라면 어느 것 하나 그냥 넘기는 법이 없다.

리버모어는 5포인트에서 20포인트까지의 가격 변동 추이 그리고 일주일에서 60일까지 보유 기간의 추이를 주의 깊게 관찰하고 2포인트, 3포인트 그리고 5포인트 정도의 하락과 반등 상태를 면밀히 분석한다. 빈번한 경로 변화를 통해 상승 추세 혹은 하락 추세가 끝날 때까지 최소 저항선을 따라가는, 이른바 주식시장이라는 큰 흐름을 형성하는 데 이 모든 사실과 현상이 하나의 구성 요소로써 일조하기 때문이다.

리버모어는 공황을 매수 포지션을 취할 시점을 알리는 신호라고 본다. 이와 마찬가지로 강세장의 최상층부에서는 노련한 시장 참여자가 알아차릴 수 있는 특성이 나타나는데, 리버모어는 이러한 부분을 잘 찾아낸다. 다른 누구보다 먼저, 특히 자신이 구사하는 전략을 활용하는 투자자 집단이나 다른 대형 투자자보다 먼저 그러한 특성을 포착하기 위해 주시하고 있기 때문이다.

대하락 장세로 전환이 기대되는 시점에서 매집을 할 때는 수개월 또는 1년 이상에 걸쳐 매수 작업을 진행한다. 업계 전반이 회복세를 보이고 수익력이 회복되며 배당금 지급이 늘어나기까지는 꽤 오랜 시간이 걸린다는 사실을 알고 있기 때문이다. 따라서 인위적인 가격 변동 압력이 없는 한 주가 변동 수준이 한두 달 정도로는 상승 혹은 하락의 한 주기를 완성하지 못한다.

25여 년 동안 시장에서 발생한 호황과 불황에 익숙해진 리버모어에게는 일종의 교육적 관점이 존재한다. 이러한 이유로 다른 사람들이 거의 비관적인 장세라고 판단해 거래를 중단하거나 공매도로 포지선을 변경할 때 리버모어는 스스로 '심리적 매수 순간'이라고 말한, 이른바 결정적 시점을 열심히 찾으려 한다.

1907년 공황 당시 리버모어는 바로 이 순간을 포착했다. 1921년 대공황 당시 시장이 바닥권에 있을 때 리버모어는 매수 포지션을 취했다. 그 이유는 상품이 과잉 공급 상태이기는 했으나 앞으로는 공급 부족의 가능성이 있다고 판단한 것이다. 아마도 리버모어는 고도로 발달한 육감이나 직관이 발동해 최적의 매수 시점을 포착했던 것이 아닐까?

약세장, 대중의 포지션 청산, 절망적인 리포트, 비관적인 뉴스 전망 등 시장에서 일어나는 아주 사소한 일 하나하나가 전부 크게 다가온다. 하지만 리버모어가 가장 관심을 기울이는 부분은 다른 수준에서 직면하는 저항, 거래량, 가격 하락을 시도하는 다양한 시장 참여자의 거의 편집증적인 노력, 이들이 사용하는 전술과 그들의 거짓말 등으로 매도가 제거되는 방식이다. 각 요인은 이 게임의 특정 단계에서 무게가 실린다.

그곳은 저점에서 고점으로, 다시 저점으로의 가격 변동을 주도하는 전 세계적 상황 변화가 발생하기를 기대하면서 자신의 지식과 힘, 자원을 투입하는 대규모 게임이자 수백만 명이 참여하고 있는, 세상에서 가장 큰 경쟁의 장이다. 돈이 얼마나 많든 혹은 힘이 얼마나 강하든지 상관없이 누구라도 정보를 독점하지는 못하고 제한된 정보만을 취할 수 있을 뿐이다. 이러한 사실을 바탕으로 리버모어는 수백만 명에 이르는 모든 시장 참여자의 심리에서 구체적인 정보를 알아내려고 노력한다.

주식 시세표로 전환점을 포착하는 방법

장기적 가격 변동 국면에서 주요 전환점을 포착하는 일이야말로 리버모어가 가장 중요하게 생각하는 과업이다. 공황과 호황 장세가 오락가락하는 동안 별다른 성과를 내지 못해도 기존 포지션을 바꿀 시점을 정확히 포착할 수 있다면 시장이 바닥에서 천장을 향해 진행하는 흐름을 타고 어느 누구보다 1~2년 먼저 막대한 수익을 낼 출발점에 선 셈이다. 왜 그러한지 이유는 너무도 명백하다.

공황 장세 끝자락에 시장으로 들어간 사람은 운전자본을 어느 정도 보유하고 있을 것이다. 이 사람이 호황 장세 정점 부근에서 보유 주식을 매도하는 데 성공한다면 초기 투자 자본은 물론이고 총이익금까지 확보하게 될 것이다. 만약 그가 자신의 노선대로 매도 포지션을 취하고 다음번 공황 장세까지 이 매도 포지션을 성공적으로 유지한다면 막대한 투자 이익을 기대할 수 있을 것이다.

물론 리버모어가 저점에서 취한 주식들을 항상 가장 높은 가격에 매도하는 것은 아니다. 공황과 호황 사이를 오가듯 극단적인 시장 변동은 그렇게 자주 일어나지는 않는다. 그보다 시장은 중간 정도의 진폭으로 가격 변동이 이뤄지다가 주요 장세 전환점이 형성되는 수준으로 서서히 접근한다. 때문에 리버모어는 더 빈번하게 나타나는 시장 반응을 포착하려고 한다. 그리고 이에 따라 시장 정점 부근에서 또는 이른바 매도 구역에서 주가가 급등하는 시점에 기존 포지션의 전부 혹은 일부를 청산하는 일이 매우 잦다. 흔히 하는 말로 마지막까지 관망하다가 막차를 타는 전략은 절대 바람직하지 않다. 그 안에 수많이 일이 발생해 궁극적 전환점이 생각보다 빨리 다가올 수 있기 때문이다.

모든 종목이 동시에 최고점에 이르지는 않는다는 사실을 리버모어는 잘 알고 있다. 일부 종목은 최고점에 도달했다가 수개월 후 가격 인장력(끌어올리는 힘)의 소진과 함께 하락세를 탄다. 강세장을 이끄는 힘은 적을 방어하는 수비군의 능력과 연계돼 있어서 이 수비군의 전력이 소진되거나 감축되기 전까지는 가격 상승세가 이어질 수 있다. 돈이 바로 주력 화기인 탄약이고, 일반적 상황이 움직임의 범위를 통제한다. 뉴스와 통계치, 배당금 등은 그렇게 중요한 요소가 아니다. 가장 결정적인 요소는 그러한 움직임이나 변화가 사람들의 심리에 미치는 영향, 그리고 그에 따라 트레이더와 투자자가 매수나 매도에 나서는지이다.

수많은 참여자가 시장에 대해 어떤 생각을 갖고 있는지는 시장에 영향을 주지 않는다. 그러나 이 사람들이 실제로 매수나 매도 행동에 나서거나 혹은 행동에 나서지 않는다면 즉각적으로 시장에 영향을 미친다.

주식 시세표로 중·단기 변동 장세에서 매매하는 법

리버모어는 장기적 변화 추세를 가장 중요시하지만, 그렇다고 장기 추세만을 기다리는 스타일은 아니다. 적극적 방식을 취하는 트레이더이지만 사실 리버모어는 하루 단위로 시장에 들어갔다 나오는 단타 매매도 했다. 그리고 오래전에 이 습관을 고쳤다. 그 이후로는 10포인트에서 30포인트 사이를 오르내리는 가격 변동폭에 주목하면서 1~2주일에서 1~2개월을 보유하는 중·단기 거래 패턴을 중요하게 생각했다. 시장이 상승장의 상층부로 진입하면서 정점에 가까워지고, 전환점은 아니지만 과매수 상태가 됐으며, 인위적으로 15포인트 정도 시세 조정이 임박한 상황이라고 가정하자. 이러한 상황에서는 매수 포지션을 줄이고, 더 낮은 가격으로 교체함으로써 가격 하락 장세를 최대한 이용하는 전략이 최선이라고 생각한다. 나중에 더 높은 가격에 팔릴 가능성이 있다고 판단되는 종목에 대해서는 20~30포인트를 이익 기준선으로 잡을 수도 있다. 그러나 강한 가격 반발이 발생하기 직전에 포지션을 청산하고 10포인트 낮은 가격으로 기존 포지션을 대체한다면 그 부분만큼 초기 비용이 절감되는 효과가 있다.

이처럼 중·단기 가격 변동에 기초한 거래 시점이나 시장 방향에 대한 판단은 주식 시세표에 기록된 시장 행동을 정확히 읽어야만 가능한 일이다. 리버모어는 당연히 이러한 작업에 기초해 주요 변동 시점과 방향을 예측한다. 이는 다른 방식으로는 절대 불가능한 일이다. 강세장에서 약세장으로의 점진적 변화 양상, 완전한 공급의 흡수력,

최종 지지 약화 및 기타 수많은 사건의 특성 등을 달리 어떠한 방식으로 확인할 수 있겠는가.

노련한 리버모어의 눈에는 시장 하락 국면은 물론, 조정 장세의 끝과 강세 국면의 재개 시점도 예측이 가능하다. 주요 업종을 대표하는 주도주는 물론이고 인기주에 속하는 수많은 개별 종목에서 이러한 조짐이 나타난다. 리버모어는 이미 오래전에 시장 행동의 관찰을 통해 장세를 판단하는 과정에 적용 가능한 기본 원칙들을 배웠다. 그리고 30분 간격으로 발생하는 작은 변동에서부터 1년에서 3년까지 이어지는 큰 가격 변동에 이르기까지 주식시장 동향이 매우 광범위한 주기 안에서 움직인다는 사실을 알게 되었다. 이는 수요와 공급의 문제이며, 이 부분을 정확히 이해한 후 그 내용을 실전에 적절히 적용한다면 대부분의 주식시장 문제를 해결하는 데 큰 도움이 된다.

시장은 최소 저항선을 따라 움직이고 수요가 공급을 초과하면 저항선은 상승한다. 제조업자와 경영자가 자신이 속한 특정 업종의 미래 전망을 예측하듯이, 장기적 변화 추세뿐만 아니라 순간적 변화까지 감지하는 작업 또한 리버모어의 일상 업무이다.

제시 리버모어의 투자 어록

대형 투자자와 선도적 투자자들은 어느 시점에 어떠한 주식을 팔아야 하는지 또 특정 시점에 팔릴 수 있는 주식이 무엇인지 명확히 알고 있다.

특정 종목의 가치에 변화를 일으킬 만한 무언가를 발견한 사람이 가장 먼저 하는 행동은 뉴스 표시기에 그 사실이 올라오게 놔두는 (즉 뉴스로 나올 때까지 입을 꾹 다무는) 것이 아니라 직접 해당 종목을 매수하거나 매도하는 일이다.

수많은 참여자가 시장에 대해 어떤 생각을 갖고 있는지는 시장에 영향을 주지 않는다. 그러나 이 사람들이 실제로 매수나 매도 행동에 나서거나 혹은 행동에 나서지 않는다면 즉각적으로 시장에 영향을 미친다.

시장은 최소 저항선을 따라 움직이고 수요가 공급을 초과하면 저항선은 상승한다.

제시 리버모어의 매매 원칙 4.

위험은 축소하고
최소 이익의 기준을 정한다

일반적으로 월스트리트에서는 누군가 가격이 오른다고 말하면 상대적 위험이나 기대 수익은 고려하지도 않고 무조건 해당 주식을 매수한다. 월스트리트의 오랜 역사를 들여다보면 이는 매우 잘못된 생각임을 보여주는 사례가 수천 가지는 된다. 가격이 오른다고 믿거나, 어딘가에서 가격이 오른다는 말을 듣고 주당 250달러에 뉴헤이븐New Haven에 투자한 사람들이 분명히 있을 것이다. 누군가 특정 종목의 예상 이익은 1,000~2,000달러인데 위험 수준이 무려 2만 5,000달러라고 귀띔해도 아무도 이 말은 귀담아듣지 않는다.

손실 위험 없이 거래가 가능하다면 별 문제는 없다. 투자 수익이 얼마나 될지 미리 알아내는 데도 큰 어려움이 없을 것이다. 그러나 손실 발생이 불가피하고 또 수수료, 소득세, 이자 등을 운영비로 보듯이 이 손실 비용도 운영비에 포함해야 하는 상황이라면 최소 이익

추정치가 성공적인 거래에서 매우 중요한 요소가 된다.

대다수 투자자는 1~2포인트 정도의 이익은 재빨리 실현하고, 손실은 10~30포인트 더 나아가 50~100포인트나 나는데도 그대로 둔다. 사실 이보다 더 끔찍한 투자 관행도 없을 것이다. "손실은 빨리 줄이고 이익은 천천히 실현하라"는 성공적 주식투자의 첫 번째 원칙 가운데 하나의 의미가 완전히 뒤집힌 상황이라고 할 수 있다.

성공한 트레이더에게서 얻은 교훈:
손실은 빨리 없애라

지난 50~60년 동안 시장을 주름잡았던 성공한 트레이더 대부분이 이 원칙을 채택하고 대중에게도 권유했다. 앞에서 언급했던 제임스 킨이 했던 말인데, 이를 애디슨 캐맥Addison Cammack이 따라 했고 가장 성공한 면화선물 투기자 중 한 명인 딕슨 와트Dixon G. Watt가 실전에 적용했다. 그리고 한때 '장내거래인'이었던 해리슨E. H. Harrison도 이 원칙을 추종하며 이렇게 말했다.

"거래에 성공하고 싶다면 손실을 없애라. 손실 수준을 0.375포인트 정도로 유지하고 절대 1포인트를 넘기지 않도록 하라."

(물론 해리슨은 장내거래인 관점에서 한 말이다. 중개 사무소를 통해 거래하면서 수수료를 지급해야 하는 대다수 사람은 이렇게 빡빡한 기준에 맞춰 거래하기는 어렵다.)

이 거물 트레이더들 역시 '이익은 되도록 천천히 실현한다'라는 원칙을 고수했다. 대다수가 이익 상황에서는 최대한 이익 실현을 늦추는 전략을 취하는 접근법에 더 신경을 많이 썼다.

제시 리버모어는 초창기에 주식을 매매하는 방법을 배웠던 중개소에서 이 두 가지 원칙을 터득했다. 이곳에 있을 때는 포지션을 청산하는 기준점과의 여유가 2포인트밖에 안 됐다. 다시 말해 손실 기준선에서 2포인트 정도밖에 여유를 두지 않았다. 이 좁은 여유 폭이 사라진 상태에서 거래를 강행하자 역시 자신의 판단이 잘못됐음을 보여주는 결과가 나타났다. 이러한 경험을 통해 손실을 빨리 정리하는 전략의 이점과 필요성을 절실히 체감했다. 다른 사람들처럼 자신이 정한 매매 습관에서 간혹 벗어날 때도 있기는 하지만 절대로 잊어서는 안 될 중요한 교훈을 얻었다.

리버모어는 자신의 거래 방식을 설명하면서 이렇게 말했다.

"나는 되도록 위험선(위험 지점)에 최대한 근접한 지점에서 거래하려고 노력한다. 그리고 위험선에 근접했는지 살펴보면서 내 판단이 잘못됐다는 생각이 들면 서둘러 거래를 종료한다. 그러나 주식을 매수하거나 매도했던 가격에서 3~4포인트 정도 변동이 생길 때는 신경 쓰지 않고 그대로 두었다가 2포인트 수준으로 격차가 줄어들면 그때 거래를 종료한다."

제시 리버모어는 어떻게 위험을 제한하는가

리버모어는 절대로 2~3포인트 이상의 위험을 감수하지 않는다. 말하자면 거래를 개시할 최대 허용 기준인 위험선에 근접할수록 모험을 할 가능성이 적어진다는 의미다. 100주 정도는 거래 흐름에 별 영향을 주지 않는다. 이 정도 규모로 거래하는 소액 투자자와는 달리 대규모 거래를 하는 리버모어는 쉽게 거래를 시작하거나 종료할 수 없다. 위험선을 50으로 정해놨다면 아마도 50과 55 사이쯤에서 거래를 시작할 것이다. 소액 투자자처럼 특정 수치를 고정해 놓고 지정가(혹은 지정역) 주문을 할 수는 없다. 그러나 애초의 판단이 잘못됐다 싶으면 시세대로 매도하거나 거래 종료 시점까지 기다린다.

이론상의 위험 수준과 최소 예상 이익 수준 간의 관계 자체가 매우 흥미로운 사안인데도 투자 대중은 이 부분을 간과하는 듯하다. 하나의 직업으로서나 전문 영역으로서의 주식 거래는 일련의 거래에서 일정 비율의 손실과 이익이 발생하는 만큼 트레이더의 목표는 이러한 업무에 따른 비용을 공제하고 손실을 초과하는 이익을 내는 것이다. 이러한 이유 때문에 리버모어는 최소 예상 이익이 10포인트가 되지 않으면 거래에 나서지 않는다고 말했다.

물론 리버모어가 거래할 때마다 거둔 이익은 이보다 훨씬 많다. 한 번은 대규모 거래의 위험 수준이 2~3포인트였는데 이익을 50포인트나 올린 적도 있었다. 최소 이익 기준을 10포인트로 정한다면 이는 세 차례 거래 중 한두 번 정도는 손실 거래의 여지를 남겨둔 것으로 이해할 수 있다.

그렇다고 리버모어가 적극적 방식을 취하는 트레이더라는 의미는 아니다. 이미 설명했듯이 리버모어는 자신이 정한 포지션을 취한 후 중요한 가격 변동이 일어날 때까지 기다리는 스타일이다. 해당 종목이 애초에 정한 가격 수준에 이르지 못하고 예상과 달리 특정한 상황에 반응하지 않으면 해당 주식이나 주가의 방향 혹은 거래를 해야 하는 시점에 대해 자신이 잘못된 판단을 했다고 결론 내린다.

여기서 핵심은 리버모어는 대체로 시험 과정을 충분히 거친 자신의 투자 원칙에 따라 손실을 줄이는 전략을 구사한다는 것이다. 그리고 주가가 자신에게 유리한 방향으로 움직이면 최대한 이익이 발생할 때까지 포지션을 유지한다. 포인트를 기준으로 할 때 리버모어의 이익 비율은 10 대 3 혹은 10 대 5 이상이다. 또 이익이 20포인트 혹은 이보다 훨씬 크다고 해도 거래할 때 애초 위험 기준이 4포인트였는지도 모른다(이 경우 위험 비율은 2 대 10, 이익 비율은 10 대 2).

다른 사람들과 마찬가지로 리버모어 역시 기준 이하의 판단력을 보였던 시기가 있었고, 자주 손실을 감수해야 했다. 그렇지 않았다면 늘 뛰어난 성과를 내는 가장 성공한 트레이더가 되었을 것이다. 리버모어 또한 인간이기에 아무리 고도로 발달한 판단력의 소유자라 해도 절대 틀리지 않는 존재일 수는 없다. 하지만 그는 이러한 실수와 판단 착오마저 업무의 일부로 받아들이고 손실 거래를 최소화해 최종적으로 적자를 내지 않는 데 주안점을 뒀다.

성공한 트레이더가 사용했던 방법론을 떠올려본 다음에 이를 반대로 생각해보면 대부분의 일반 투자자가 왜 거래에 성공하지 못하는지 그 이유를 어느 정도 알 수 있다. 일반 투자자는 대체로 이익 기준선은 3포인트, 그리고 손실 기준선은 10포인트로 정한다. 그런데 알다시피 리버모어는 손실은 3포인트, 이익은 10포인트로 기준선을 정했다. 일반 투자자와는 완전히 반대다. 이 기준에 따르면 리버모어는 3포인트나 4포인트 손실을 위험선으로 본다. 그러나 일반 투자자는 이 정도는 그저 있을 법한 가격 조정으로 보고 경고 신호로 받아들이지 않는다.

또 일반 투자자는 이익 기준선 10포인트에 대해서는 인내심을 발휘하기 어려운 수준으로 여긴다. 종목 선택을 잘해서 가격이 상승하면 미숙한 투자자는 바로 이익을 실현하고 싶어 안달이 난다. 때문에 해당 매수 포지션을 유지할 인내심은 바닥이 난다. 리버모어에게 이 10포인트는 애초 자신의 판단이 옳았고, 이제 주가가 자신에게 유리한 방향으로 움직이기 시작한다는 점을 확인시켜주는 신호다.

가장 단순하고, 동시에 가장 배우기 어려운 원칙 가운데 하나가 손실을 줄이는 습관이다. 주식투자를 하는 모든 사람이 하루에 한 번이나 일주일에 한 번 혹은 한 달에 한 번 또는 특별히 정해 놓은 손실 포인트에 도달할 때마다 체계적으로 손실 거래를 종료한다면, 그리고 주가가 예상대로 움직일 때 이익의 극대화를 위해 이익 실현을 미루고 현재의 포지션을 계속 유지할 만큼 인내심을 발휘한다면 성공 투자로 가는 길이 훤히 열리는 셈이다.

　이 두 가지 원칙은 리버모어뿐만 아니라 탁월한 거래 솜씨를 보이며 투자 고수 반열에 오른 위대한 트레이더들에게 가장 중요한 성공 원칙이라고 할 수 있다.

제시 리버모어의 투자 어록

되도록 위험선(위험 지점)에 최대한 근접한 지점에서 거래하려고 노력한다. 그러고는 위험선에 근접했는지 살펴보면서 내 판단이 잘못됐다는 생각이 들면 서둘러 거래를 종료한다.

최소 예상 이익이 10포인트가 되지 않으면 거래에 나서지 않는다.

자신이 정한 포지션을 취한 후 중요한 가격 변동이 일어날 때까지 기다린다. 주가가 자신에게 유리한 방향으로 움직이면 최대한 이익이 발생할 때까지 포지션을 유지한다.

최대한 손실을 줄이기 위해 노력하라.

제시 리버모어의 매매 원칙 5.
자본 운용하는 법

    자신이 정한 위험선에 근접하거나, 혹은 자신의 예상과 달리 손실이 발생할 신호가 포착될 때 리버모어가 거래를 종료하는 방법에 관해 살펴봤다. 투자 대중은 대체로 간과하는 사실이지만, 이제 주식 거래에서 가장 핵심적이고 중요한 요소를 내포한 방법론 가운데 하나를 살펴볼 것이다. 다름 아니라 며칠 내에 혹은 일정한 기간 내에 자신이 예측한 방향으로 시장이 움직이지 않을 때 그 거래를 종료하는 방법에 대해 알아보도록 하자.

    리버모어는 이익을 극대화하는 동시에 상대적으로 위험 기준선을 낮출 거래 기회를 끊임없이 노린다. 그리고 최상의 거래 결과를 얻을 수 있는 심리적 순간을 포착하기 위해 주식 시세표에서 눈을 떼지 않는다. 그는 이런 관점으로 며칠이나 몇 주일에 걸쳐 특정 종목을 관찰하고, 거래 개시에 적합하다 싶은 포지션을 완성할 수도 있다. 그 종목이 이제 모든 준비를 끝내고 자신이 예상한 방향으로 움직일 것이라고 예상된다고 해도, 자신의 판단이 옳다는 확신이 들 때까지 좀 더 기다린다. 해당 종목에 대해 매집이 진행되고 있으면 그 행동이 끝물이라는 확신이 들 때까지 상황을 끝까지 지켜본다. 주어진 시장 환경에서 특정한 시장 행동을 예측하게 했던 이전의 변화 추이를 되짚어보면서 자신에게 유리한 징후의 변화가 없는지를 확인한다.

석유주를 예로 들어 생각해보자. 석유주가 급반등 지점에 점점 다가가고 있다는 판단이 든다고 하자. 처음 느낌대로 석유주는 전부 강세를 보인다. 그런데 전체 석유주 가운데 자신이 선택한 종목은 상승세를 타지 않고 홀로 뒤처지는 모습이다. 여기서 리버모어는 애초 석유주의 상승세를 예상했음에도 내부자 혹은 해당 주식을 거래하는 다른 이해관계자의 계획을 지연시킬 만한 예상치 못한 특별한 상황이 전개된 것이라고 추정한다.

일시적 가격 하락을 주도할 몇 가지 뉴스도 여기에 해당할지 모른다. 이 때문에 다른 석유주와 동일한 흐름을 타지 못하고 상승주 무리에서 떨어져 나와 홀로 매도 대상이 된다. 더 낮은 가격에 재매집하려는 목적에서 벌어진 일일 수도 있지만, 목적이 무엇이든 간에 리버모어는 자신에게는 의미 없는 일이라고 생각한다.

해당 종목은 강세나 약세를 나타낼 수 있다. 이때 약세가 나타났다고 하자. 그렇다면 자신의 예상에서 벗어나는 행보를 보이는 그 종목을 계속 끌어안고 갈 여력이 없으므로 재빨리 거래를 종료한다. 이때 장부상에서 발생한 손실이 거래 종료의 필수 요건은 아니다. 약세 징후가 나타날 때도 1~2포인트 정도 자신에게 유리한 상황일 수도 있다. 그러므로 시장에 들어갔을 때의 수준을 약간 웃돌든 밑돌든 혹은 동일한 수준이든지 간에 상관없이 시장 흐름이 자신이 예상했던 방향과 다르게 움직일 때 리버모어는 거래를 종료한다.

자본 운용 규칙 1.
손실을 빨리 줄여라

원하던 흐름을 타지 못하는데도 빨리 팔아치우지 않고 마냥 보유하는 주식이야말로 투자자의 운용자본을 잡아먹는 가장 파괴적인 요소다. 손실 포지션일 때 바로 거래를 종료하면 손실이 어느 정도인지 명확해진다. 그러나 하루 이틀 내에 좀 더 확실한 흐름이 나타나고 이익을 낼 가능성이 좀 더 커질 것이라는 기대 하나로 손실 포지션을 청산하지 못하고 계속 보유한다면, 그 투자자는 그저 '다 잘 되겠지!'라는 희망만 품은 채 무모하게 시장에 뛰어든 셈이다. 이와 관련해 리버모어는 이렇게 말했다.

"희망에만 의지해 거래해야 하는 상황이면 나는 차라리 손을 털고 시장을 나온다. 헛된 기대만으로 거래에 나서면 성과 없이 마음만 괴로울뿐더러 나로서는 그렇게 한가하게 행동할 여유가 없기 때문이다."

요점은 이렇다. 주식을 매수할 때는 가격 상승이 예상될 때이다. 예측이 옳으면 가격은 상승할 것이다. 그런데 가격이 상승하지 않으면 자신의 예측이 틀렸고, 그러한 예측을 빗나가게 한 어떤 일이 일어났다고 판단한다. 이러한 상황이 전개되면 리버모어는 거래를 종료한다.

경험이 많은 트레이더라면 누구나 가장 큰 손실은 희망에만 의지한 거래에서 비롯된다는 사실을 잘 알고 있다. 이는 특정 종목에만 해당되는 사항이 아니라 매수한 주식 전부에 모두 적용되는 사실이다. 주식이나 채권을 금고에 넣어두면 안전할 것이라고 생각하는 사람도 있다. 물론 화재와 도난 위험으로부터는 안전하다. 그러나 시장 가치가 하락할 때는 결코 안전하지 못하다.

상품 거래와 마찬가지로 금융 거래에서도 운용자본의 회전은 매우 중요하다. 뉴욕 5번가에 있는 대형 백화점을 예로 들어보자. 이 백화점은 잘 팔리지 않는 상품을 할인 판매대에 올려 싸게 처분하는 작업은 하지 않는다고 가정해보자. 그러면 얼마 가지 못해 유동자본이 줄어들고, 팔리지 않아 자리만 차지한 채 먼지만 쌓이는 상품에 상당 규모의 자본이 묶여 있게 된다. 이런 상태가 지속되면 결국 이 백화점은 영업을 계속하기 어렵게 된다.

그런데 이 상품 거래에서 일하던 사람이 금융시장으로 옮겨가면 백화점 영업에 적용하던 성공 원칙을 버리게 된다. 주식을 사서 이익이 조금만 나도 바로 실현해버리고 또 다른 주식을 사서 보유한다.

특히 매수한 주식이 손실이 나는 상황이면 기준선에서 10포인트, 20포인트 혹은 30포인트 차이가 나도 포지션을 청산하지 못하고 계속 붙들고 있다. 이렇게 되면 자본이 축소될 뿐만 아니라 대다수 사람이 거의 알아차리지 못하는 매우 중요한 무언가를 놓치는 결과가 된다. 이익을 내지 못하는 포지션을 계속 끌고 간 탓에 잃게 된 '기회'가 바로 그것이다.

상인이나 제조업자는 영업연도 동안 자본 회전을 가능한 많이 하려고 애를 쓴다. 그러나 자본 일부가 어딘가에 묶인 상태라면 남은 자본만 회전이 가능한 상황이어서 적정 가격으로 좋은 상품을 구매해 운용자본 전부를 회전시킬 수 있는 수많은 기회를 놓칠 수밖에 없다. 때문에 이 기간의 순이익은 목표로 삼았던 수준보다 훨씬 낮아진다. 리버모어가 애써 피하려고 하는 상황이 바로 이것이다.

리버모어는 때때로 발생하는 알짜 기회를 제대로 포착해서 제때에 맞춤한 종목을 매수해 예상했던 시장 흐름을 타는 것을 목표로 한다. 볼링선수가 핀 보이에게 볼을 맞고 쓰러진 핀을 치우게 하듯, 손실이 나는 쓸모없는 주식은 청산해버린다.

자본 운용 규칙 2.
기회를 포착하기 위해 늘 준비한다

1~2년마다 공황 장세의 최저점에서 혹은 대하락 국면의 바닥에서 우량주를 매집하거나, 대호황 장세의 정점에서 공매도할 수 있는 큰

기회가 찾아온다. 예상했던 시장 추세가 조만간 나타날 것이라는 기대를 품고 대규모 매수나 매도 포지션을 취하기 위해 막상 거래에 나섰을 때 행동을 취해야 할 정확한 시점을 포착하지 못하는 경우가 있다.

'손실은 빨리 줄여라'는 원칙과 함께 앞서 설명한 방식을 통해 특정한 거래에서 이익을 내기 위해 운용자본을 투입하는 기간과 위험 크기의 한계를 정해야 한다. 리버모어는 말하자면 가격과 시간 차원에서 거래를 종료하는 지점을 미리 정해 놓았다.

가격 변동 방향에 대한 판단이 잘못됐다 싶을 때 손실 기준선에서 1~2포인트가 넘어가면 해당 포지션을 더는 유지하지 않는다. 또 예상했던 기간 내에 원하던 흐름이 나타나지 않으면 2일 이상 기다리지 않고 거래를 종료한다.

이 두 가지 원칙이야말로 리버모어가 취한 거래 방법의 가장 중요한 핵심이다. 이러한 원칙을 고수함으로써 꾸준히 자본을 회전시키고, 주어진 시점에 가장 유망한 시장 기회를 포착했을 때 곧바로 거래에 나설 수 있기 때문이다.

제시 리버모어의 투자 어록

원하던 주가 흐름을 타지 못하는데도 빨리 팔아치우지 않고 마냥 보유하는 주식이야말로 투자자의 운용자본을 잡아먹는 가장 파괴적인 요소다.

희망에만 의지해 거래해야 하는 상황이면 나는 차라리 손을 털고 시장을 나온다.

이익을 내지 못하는 포지션을 계속 유지한다면 다른 기회를 잃게 된다.

때때로 발생하는 알짜 기회를 제대로 포착해서 제때에 맞춘한 종목을 매수해 예상했던 시장 흐름을 타는 것을 목표로 한다.

가격 변동 방향에 대한 판단이 잘못됐다 싶을 때 손실 기준선에서 1~2포인트가 넘어가면 해당 포지션을 더는 유지하지 않는다. 또 예상했던 기간 내에 원하던 흐름이 나타나지 않으면 2일 이상 기다리지 않고 거래를 종료한다.

제시 리버모어는
어떤 주식을 거래하는가?

지금까지 최소 이익 기준치에 도달하지 못할 때 어떻게 하는지, 또 주가가 애초 기대했던 대로 움직이지 않을 때 포지션을 어떻게 정리하는지 살펴봤다. 이제는 리버모어가 주로 거래하는 종목을 살펴보도록 하자.

리버모어가 최소 10포인트선에서 이익을 실현한다고 하면 가격 변동폭이 작은 종목에 자본을 투입하는 일은 거의 없다. 리버모어는 가격 변동폭이 10포인트 정도 되는 종목을 거래한다. 변동폭이 작은 종목은 변동 구간에서 가격이 오르락내리락하는 데 수개월이 걸릴 뿐더러 이보다 변동성이 더 큰 종목에 비해 이익을 낼 기회가 희박하다. 일반적으로 말해 이 방법을 취하면 시장 상황이 특별히 좋지 않은 한 우량주 집단을 종목 선택지에서 제외하는 결과를 낳게 된다.

리버모어는 가격 변동폭이 시장을 선도하는 종목을 선호한다. 대체로 활동성이 가장 큰 종목군 중에서도 가장 빠르고 가장 폭넓은 가격 움직임을 보여주는 최상의 주식이 바로 이러한 선택 범주에 속한다. 리버모어는 이러한 유형에 속한 종목에서 가장 큰 이익을 냈다.

그렇다고 리버모어가 특정 종목만을 고집하는 것은 아니다. 위험 대비 이익이 만족스러운 수준이라면 어떠한 종목도 마다하지 않는다. 실제로 저가주에서 큰돈을 벌기도 했고, 모든 사항을 고려했을 때 저가주 거래에서 올린 이익도 꽤 많았다. 사실 주당 10달러에 매수한 주식이 20달러로 오르면 상승률은 100%가 된다. 고가주가 100% 상승률을 기록하려면 200달러에서 400달러로 상승해야 한다. 그러나 저가주가 10달러에서 20달러로 상승할 때보다 고가주가 200달러에서 400달러로 상승할 때의 포인트가 더 크다. 리버모어가 중요하게 생각하는 것은 상승률이 아니라 포인트 규모다.

10달러에 팔리는 주식의 경우 리버모어는 곧바로 매수한다. 그러면 위험 수준은 10포인트가 된다. 이 경우 시장 흐름이 예상과 다르게 전개될 때 정해 놓은 손실 기준선보다 수위가 낮다. 하지만 고가주를 거래할 때는 상황이 다르다. 즉 고가주를 200달러에 매수했는데 몇 포인트 정도 하락한다면 리버모어는 이 포지션을 계속 유지하지 않는다. 주식을 매수한 이후 가격이 193달러나 190달러로 하락한다면 가격 상승에 대한 기대는 접어야 하는 상황이기 때문이다. 물론 이 모든 사항은 해당 종목군 내 다른 주식과 해당 주식의 행보, 그리고 시장 특성에 따라 달라진다. 앞에서 말했던 것처럼 시장의 성격은 저마다 다르고 각각의 장점을 기준으로 해당 시장을 판단해야 한다. 리버모어의 거래에서는 주가가 10달러와 200달러면 가격 차이가 크지만, 위험 수준의 차이는 이 정도로 크지 않다. 그런데 고가주 거래의 진정한 이점은 포인트 격차가 크다는 점에 있다. 주식을 대량으로 매수했고, 또 다행히 예상대로 가격 변동 추이가 진행되면 이익 규모가 엄청나게 커진다는 의미다.

리버모어는 이렇게 말했다.
"강세 업종에 집중하고, 이 업종에서 가장 잘 나가는 종목을 선택하라."

물론 리버모어는 무턱대고 아무 종목이나 선택하지는 않는다. 그러나 대량으로 거래하고 신속한 반응과 큰 가격 변동폭을 바탕으로 하는 접근법을 고려하면 리버모어의 종목 선택은 주식 시세표상에 거의 혹은 전혀 영향을 미치지 못하는 일반 투자자들이 종목을 선택하는 방법보다 훨씬 제한적이다. 또 대규모로 거래가 이뤄지고 10포인트를 기준선으로 삼아 상당 기간에 걸쳐 매집과 매도 그리고 다시 재매수가 진행되는, 이른바 은행권을 위시한 기관 투자자와도 다른 포지션을 취한다. 대체로 리버모어는 빠르게 거래에 나서야 할 상황이 조성되지 않는 한 2~3포인트의 변동 범위 내에서 거래를 성공적으로 완수한다. 일반적으로 다양하고 많은 종목을 거래하기 때문에 특별히 자기 계정 거래라는 명목으로 특정 종목의 가격 변동에만 초점을 맞출 필요는 없다. 아마도 시장의 수많은 종목을 다루는 트레이더이므로 관리하는 주식의 수는 수십만 주는 족히 될 것이다.

신속하게 반응하는 종목을 선택한다

요약하자면 리버모어는 광대한 시장Broad market, 즉 대량 거래가 이뤄지는 호황시장에서 나타나는 신속한 반응에 초점을 맞춘다. 주식 거래에서 성공을 원하는 투자자가 귀담아들어야 할 교훈이 하나 있다. "적합한 거래 종목을 선택하는 일이 가장 중요하다"는 점이다. 리버모어가 과거 경험을 통해 터득한 다른 중요한 원칙과 함께 이번에는 독자들이 주식시장에서 성공하는 데 도움이 되는 몇 가지를 확실하게 짚고 넘어갈 필요가 있다.

독자 중에는 이렇게 말하는 사람이 꽤 많을 것이다.

"리버모어에게는 좋은 방법이겠지만, 나는 생각이 다르다. 나한테는 나만의 방식이 있다."

그럴지도 모른다. 그러나 대다수 시장 참여자의 경험이 복잡하게 얽힌 상황을 고려할 때 리버모어나 다른 누군가보다 자신이 주식 거래에 대해 더 많이 안다고 생각하는 사람들에게 해주고 싶은 조언은 아주 간단하다. 여러분이 주식 거래에 관해 알고 있거나 안다고 생각하는 사실을 모두 잊고 지금까지 설명했던 원칙들을 적용하라. 이 복잡한 작업에 대한 자신의 불완전하고 어설픈 생각에 계속 집착하기보다는 대다수 성공한 트레이더가 오래 전부터 취했던 정보와 방식을 따르는 편이 훨씬 나을 것이다.

제시 리버모어의 투자 어록

가격 변동폭이 크고, 시장을 선도하는 종목을 선택하라.

시장의 성격은 저마다 다르므로 각각의 장점을 기준으로 해당 시장을 판단해야 한다.

강세 업종에 집중하고 이 업종에서 가장 잘 나가는 종목을 선택하라.

대체로 활동성이 가장 큰 종목군 중에서도 가장 빠르고 가장 폭넓은 가격 움직임을 보여주는 최상의 주식을 선택하라.

주식 거래에서 중요한 것은 상승률이 아니라 얼마만큼 상승했는지의 규모다(상승한 포인트의 규모).

빠르게 거래에 나서야 할 상황이 조성되지 않는 한 2~3포인트의 변동 범위 내에서 거래를 성공적으로 완수한다.

제시 리버모어의
피라미딩 매매 기법

앞에서 제임스 킨의 방법론에 견줄 만한 제시 리버모어의 거래 방법론 몇 가지를 소개했다. 이 가운데 하나가 과거 수차례에 걸쳐 리버모어가 소액으로 엄청나게 막대한 이익을 올렸던 방법이다.

1890년대 초, 킨은 내셔널코디지National Cordage에 투자했다. 1893년 공황 장세가 오기 전이어서 시장 상황이 좋지 않았다. 킨은 내셔널코디지 주식 보유분을 최대한 늘렸고, 안타깝게도 그때까지 축적했던 전 재산이나 다름없는 투자 자본을 모두 날렸다. 사태를 수습하고 나니 수중에는 겨우 3만 달러뿐이었다. 하지만 킨은 3만 달러로 다시 투자에 나섰고, 결국 수백만 달러를 벌어들였다.

어느 날 유명한 신문 기자 한 명이 킨을 찾아와 저지센트럴Jersey Central의 자회사 한 곳에 관한 정보를 흘렸다(내 생각에는 아마 리하이&윌크스바레 석탄회사Lehigh & Wilkes-Barre Coal Co.가 아닐까 한다). 아무튼 이 회사는 재정난이 심각했고, 당시 주당 70달러선에서 거래되던 모회사 저지센트럴까지 심각한 상황에 몰릴 수 있다는 내용이었다. 이 노장 트레이더로 하여금 매도 포지션을 취하도록 유도하는 함정이었는지 정확히 알 수 없지만, 아무튼 그러한 낌새가 보이기는 했다.

킨은 곧바로 매도 포지션을 취했고 다른 사람에게도 주식을 팔라고 권유했다. 그러나 끝없이 추락할 것이라고 생각했던 주가는 강력한 지지선에 힘입어 하락세가 마무리됐다. 매도 관점에서 열심히 거래했는데 주가가 상승하기 시작하더니 주당 80달러까지 상승했다. 이쯤 되자 킨은 자신의 판단이 잘못됐음을 깨닫고 매수 포지션으로 방향을 틀었다.

결국 킨은 이 거래에서 큰 손실을 봤고, 이로 인해 남은 3만 달러도 상당 부분 사라졌다. 하지만 그는 좌절하지 않았다. 남은 돈으로 최대한 주식을 매수했다. 주가가 계속 오르면 보유 지분을 조금씩 더 늘렸다. 결국은 공매도를 시작했을 당시의 가격에서 무려 100여 포인트나 상승했다. 그리고 투자 자본금 3만 달러가 170만 달러로 불어나면서 킨은 재기의 발판을 마련했다.

1906년 12월에 리버모어는 매도 관점에서 이익이 날 가능성이 있다고 봤고, 장세 전환의 기미를 분명히 확인한 후 조심스럽게 매도 포지션을 취했다. 매도한 주식의 가격이 1포인트씩 하락할 때마다 거래 역량에 여유가 생겼고, 이를 최대한 이용했다. 리버모어는 자신의 중개인이 허용하는 한도 내에서 최대한 신속하게 주식을 매도했다. 그리고 1907년 상반기 즈음, 그러니까 리버모어가 매도 포지션을 취하기 시작하고 나서 몇 개월 만에 공황 장세가 펼쳐졌다. 그는 당시 무려 100만 달러를 벌어들였다.

상품시장 투기자에게 얻은 교훈

1907년 당시 리버모어에게 피라미딩은 새로운 기법이 아니었다. 세부적인 몇 가지 사항은 달라졌을지 몰라도 이 기법의 장점을 최대한 활용하고 있었다. 리버모어는 한 세대 앞서 시장에서 활약했던 성공적인 면화선물 전문 트레이더 딕슨 와츠가 쓴 책을 아주 모범적으로 따른 셈인데, 리버모어는 이렇게 말했다.

"평균 매수 단가를 낮추는 전략보다는 높이는 전략이 더 낫다. 와츠가 주장한 방식은 종목 매수 후 가격이 하락할 때 추가 매수에 나서는 일반적인 시장 참여자들의 행동과는 상반되는 접근법이다. 사실 이 방식을 취하면 평균 매수 단가는 낮아진다. 이 방법을 이용하면 다섯 번 중 네 번은 뚜렷한 조정세가 나타나 손실을 막아주겠지만, 다섯 번째 거래에 나서는 투자자로서는 하락세가 끝나지 않을 듯한 시장에서 그만 분별력을 잃게 된다. 그리고 포지션을 청산하고 큰 손실을 떠안게 된다. 재기하기 힘들 정도로 심각한, 더 나아가 파산에까지 이를 정도로 그 피해가 막대할 수 있다. 그러나 가격이 상승할 때 추가 매수에 나서는 전략은 앞서 설명한 방식과는 상반된다.

다시 말해 매수한 이후 시장이 상승세를 타면 천천히 추가 매수에 나서는 식이다. 사실 이는 고도의 신중함과 주의력을 필요로 하는 접근법이다."

물론 월스트리트만큼이나 오랜 역사를 지닌 이 기법의 고안자는 와츠가 아니다. 투기 거래로 막대한 부를 이룬 트레이더 상당수가 이 방식을 사용했을 수 있다. 캐맥은 이런 말을 자주 했다.

"신은 중화력重火力 부대 편에 있다."

공매도의 고수로 유명했던 캐맥도 피라미딩 기법에 능했다.

18개월 전쯤 리버모어와 피라미딩 기법의 장점에 관해 이야기를 나눴다. 나는 리버모어에게 피라미딩 기법으로 소액을 투자해 큰 이익을 낸 굉장한 장면을 몇 번 목격했다고 말했다. 당시만 해도 리버모어는 처음 매수나 매도 수준에서 최대 한도로 주식을 확보해 그 포지션을 그대로 유지하는 쪽을 선호했다. 그런데 그 이후 노선을 약간 수정해서 3~4포인트 정도 가격 변동이 생길 때 추가 거래에 나서는 방식, 즉 일종의 '제한적 피라미딩' 기법을 사용했다.

리버모어도 여러 사항을 고려하여 거래 포지션을 정한 후 시장 흐름에 대한 자신의 예측이 맞아떨어졌을 때 거래량을 두 배로 늘리고, 또 유리한 흐름이 나타날 때 거래를 완료하는 방법이야말로 이 중요한 기법을 구사하는 가장 진화한 방식이라고 믿었다. 그리고 리버모어는 대량으로 거래하기 때문에 추가 매수를 할수록 자연히 자신이 원하는 방향으로 시장에 영향을 미치게 된다.

합리적 판단이 가능하도록 냉철한 상태를 유지하라

와츠가 고수한 원칙 가운데 리버모어가 활용해서 큰 효과를 본 것이 있다.

"모든 투기 활동의 기저를 이루는 기본 원칙은 '합리적 판단이 가능하도록 늘 냉철한 정신 상태를 유지하라'는 것이다. 결정적 순간에 그 위력이 발휘되도록 냉철한 정신력을 늘 유지해야 한다."

과거 리버모어가 최전성기를 누렸던 초강세장의 정점과 공황 장세의 저점이 바로 '결정적 순간'에 해당한다. 시장이 공황 장세일 때는 쇼트커버링 작업과 함께 매수 포지션으로 전환하고, 대세 상승 조짐이 보일 때는 매수 포지션을 청산하고 다시 매도 포지션을 취하는 방식이 매우 효과적이라는 사실을 절실히 깨달았다.

하지만 리버모어도 항상 이렇게 이상적인 심리 상태를 유지하지는 못했다. 그러나 과거 경험을 기준으로 할 때 정확한 판단력을 보인 비율이 다른 일류 트레이더보다는 분명히 높았다. 리버모어는 인내심을 가지고 장기적으로 장세를 바라보면서 피라미딩 기법의 장점을 최대한 활용해서 하락장이든 상승장이든 간에 추세가 바뀌는 결정적 순간을 포착해 신속하게 반대 포지션을 취하는 능력을 발휘할 수 있었다.

이러한 거래 방식은 건물을 건축할 때의 기초 공사와 일맥상통하는 면이 있다. 바닥을 더 깊이 파면 팔수록 건물 구조는 더 견고해진다. 이러한 관점에서 매도 포지션을 취할 때는 추세 반전 가능성에 유의하면서 확실한 매수 기회를 노려야 한다. 시장 흐름이 예측한 대로 움직인다면 최고의 성공 확률로 피라미딩 거래를 시작할 수 있다. 그리고 오랜 경험에서 나온 사실인데 평균 거래가와 가격 조정 간의 관계성 때문에 장부상 손실이 발생할지도 모른다. 때문에 피라미딩 기법을 적용할 때 기준선과의 거리가 너무 떨어지면 안 된다. 리버모어가 '제한적 피라미딩'을 선호하는 이유가 바로 여기에 있다.

인터뷰를 진행하면서 가장 관심이 갔던 부분은 선천적으로 타고난 능력이기도 하지만, 이후 훈련과 경험을 통해 한층 진화한 주식 시세표 분석 능력을 보유한 리버모어가 주식 매매로 크게 성공한 시기는 '투자자 겸 투기자'가 된 이후였다는 점이다. 리버모어의 거래 방식은 특정 상품의 미래 수요를 정확히 예측하고, 필요 상품을 구매하고, 이익을 실현할 최적기를 기다리는 경영자의 업무 처리 방식과 비슷하다. 공급 과잉이 예상되면 앞으로 더 낮은 가격에 구매가 가능하다고 믿고 해당 상품을 내놓는 것이다. 리버모어는 이렇게 말한다.
 "성공에 비법 따위는 없다. 하지만 경제학을 비롯해 모든 분야에 대한 기본 지식이 없으면 성공하기 어렵다."

리버모어의 시장 거래 경험은 투자나 투기를 부업으로 삼은 일반 투자자에게 천재가 아니어도 주식 거래로 얼마든지 돈을 벌 수 있다는 것을 알려준다는 점에서 큰 가치가 있다.

　위대한 투자자가 될 능력을 타고나는 사람은 없다. 리버모어의 거래 방법론을 들여다보면 가장 좋은 결과는 적극적인 거래가 아니라 시장 상황에 영향을 주는 요소에 대한 철저한 조사에서 나온다는 사실을 알 수 있다.

제시 리버모어의 투자 어록

평균 매수 단가를 낮추는 전략보다는 높이는 전략이 더 낫다.

매수한 이후 시장이 상승세를 타면 천천히 추가 매수에 나선다. 이는 고도의 신중함과 주의력을 필요로 하는 접근법이다.

여러 사항을 고려하여 거래 포지션을 정한 후 시장 흐름에 대한 자신의 예측이 맞아떨어졌을 때 거래량을 두 배로 늘리고, 또 유리한 흐름이 나타날 때 거래를 완료한다.

특정 상품의 미래 수요를 정확히 예측하고, 필요한 상품을 구매하고, 이익을 실현할 최적기를 기다린다.

Jesse Livermore

연도로 보는 제시 리버모어의 생애

19세기 초 월스트리트에 파란을 일으키며 '월가의 큰 곰' '추세 매매의 아버지'란 수식어를 얻은 제시 리버모어의 주식투자 기록은 한 세기가 지난 지금까지도 건재하다. 월스트리트의 가장 위대한 투자자인 그는 1907년 니커보커 패닉, 1914년 발발한 제1차세계대전, 1929년 월스트리트 대폭락, 1930년대 대공황 등 혼란하고 불안한 시대를 지나면서도 믿을 수 없는 일들을 현실로 만들며 '파산'이라는 난관을 헤쳐 나가는 대담성까지 갖추고 있었다. 1940년 11월 28일, 맨해튼 셰리 네덜란드 호텔에서 "난 이미 지쳤고 더 이상 버틸 수 없다."라는 말을 마지막으로 권총 자살로 운명을 달리했다.

Jesse Livermore

14세
5달러를 들고 집을 나와 보스턴 패인 웨버Paine Webber 증권사에서 주식 호가판에 주가를 기록하는 '호가판주사'로 일을 시작함.

20세
주식 거래로 이미 최고 1만 달러 이상의 수익을 올림. 뉴욕증권거래소로 활동 무대를 옮겨 허튼 증권사E. F. Hutton와 거래 시작함. 사설 중개소와 증권거래소 사이의 매매 방식 차이로 시장에 적응하지 못하고 파산(첫 번째)함.

1877 **1892**

1891 **1897**

7월 26일
뉴잉글랜드New England 가난한 농부의 아들로 출생함.

15세
사설중개소를 통해 동료 빌리Billy와 공동 투자하여 처음으로 3.12달러의 수익을 올림. 15세 이후 주식으로 벌어들인 총 수익이 1000달러를 넘자 전업투자자의 길을 선택함.

Life Timeline

1900

1만 달러의 자산으로 노던 퍼시픽 철도Northern Pacific Railway 회사에 투자하여 5만 달러 수익을 얻음. 시장 급락에 공매도 포지션을 잡았으나 급락에 따른 대기 매수세의 유입으로 벌어들인 5만 달러를 모두 잃고 파산(두 번째)함.

1901

네티 조던과 결혼함.

1902

알 수 없는 느낌에 이끌려 유니온 퍼시픽Union Pacific Railroad 주식 공매도함. 샌프란시스코 대지진으로 주가가 급락하여 25만 달러의 수익을 올림.

1906

새로운 유형의 유사 사설 증권 회사와 거래를 할 수 있는 기회를 잡아서 그들과 거래함. 이전 수준으로 계좌를 회복함.

Jesse Livermore

면화, 밀 상품시장에서 '손실 평균화'로 인해 100만 달러의 손실이 남. 파산함(세 번째).

제1차 세계대전으로 7월 31일부터 약 4개월 반 동안 뉴욕증권거래소가 폐쇄됨.

1907 **1910-1914**

1908 **1914**

니커보커 패닉 Knickerbocker Panic에서 공매도 포지션으로 하루에 300만 달러의 수익을 올림.

기나긴 횡보장이 지속됨. 뚜렷한 수익을 내지 못함.

Life Timeline

1915
시장이 강세일 때는 선도주를 적극적으로 매수하여 수익을 올리고 시장이 약세일 때는 공매도 포지션으로 300만 달러의 수익을 올림

1916
베슬리헴철강The Bethlehem Steel 투자를 시작으로 수익을 내다가 루시타니아 호 사건으로 시장이 폭락한 이후 그해에 14만 달러의 잔고를 기록함.

1917
두 번째 부인 도로시 웬트Dorothy Wendt와 결혼함.

1918
미국이 제1차세계대전 참전을 선언한 날, 공매도 포지션을 청산하며 100만 달러 이상의 빚을 모조리 갚음. 첫 번째 부인 네티와 이혼함.

Jesse Livermore

1919
첫아들
제시 주니어 리버모어 Jesse Jr. Livermore
탄생함.

1923
둘째 아들
폴 리버모어 Paul Livermore
탄생함.

1924
밀 선물시장에서
300만 달러의
수익을 올림.

1925
밀 선물시장에서
1000만 달러의
수익을 올림.

Life Timeline

1929

월스트리트 대폭락.
공매도 포지션으로
1억 달러의 이익을 실현.
'월가의 큰 곰'이란
별명을 얻게 됨.

1932

도로시 웬트와
이혼함.

1933

해리엇 매츠Harriet Metz와
세 번째 결혼을 함.

1940

큰아들 제시의 권고로
《How to Trade in Stocks》 출간함.

11월 28일 63세
맨해튼 셰리 네덜란드 호텔The Sherry Netherland Hotel에서 권총 자살로
생을 마감함.

MEMO